Jörg Hellmann

Kleine Geschichten über Politik und andere Leiden des Lebens

Dazu einige Nachrichten, die es wert sind, der Nachwelt nachhaltig in Erinnerung zu bleiben

Hildesheimer Literaturverlag

Texte von Jörg Hellmann
e-mail: hellmann-j@t-online.de

Zeichnungen von Jonas Bruns
e-mail: jonasbruns87@web.de

Uhlandstr. 21 - D -31162 Bad Salzdetfurth
e-mail: politik-satire@hildesheimer-literaturverlag.de
www.hildesheimer-literaturverlag.de

Printed in Germany
ISBN: 978-3-9810380-0-2

Die deutsche Bibliothek verzeichnet diese Publikation in der Deutschen Nationalbibliographie

Inhalt

Ein Volk, das Claudia Roth für eine Politikerin hält, ist dem Untergang geweiht.
Über die schleichende Verabschiedung der deutschen Nation aus der Geschichte wollen wir uns auf den nächsten Seiten ein wenig aufregen und zum Nachdenken anregen. Unsere erste Empörung gilt der bundesrepublikanischen Empörungsbewegung.

Die Empörungsbewegung

Mein Freund Paul gehört zu den Elite-Empörern der Nation. Aus kleinen bescheidenen Verhältnissen hat er sich hochgearbeitet bis in den inneren Zirkel dieser Organisation.
„Angefangen habe ich“, sagt er vertraulich, „mit Zwischenrufen auf irgendwelchen Veranstaltungen. Meine Standardformeln waren: ‚Das kann doch wohl nicht wahr sein!‘ und ‚Unglaublich‘. Sofort spürte ich die Anerkennung der Zuhörerschaft wegen meines Mutes und wegen meiner moralischen Integrität. Dann habe ich in der Volkshochschule meinen ersten Entrüstungsschein gemacht.“
Er lehnte sich stolz zurück.
„Was habt ihr denn in der hohen Schule des einfachen Volkes so gemacht?“
„Na, ja, die Entrüstung brauchte ich natürlich nicht zu lernen, ich bin ein Naturtalent. Aber es gibt so etliche zusätzliche Regeln, die man beherrschen muss, z. B.: ‚Lasse der Entrüstung nie Taten folgen.‘
„Wieso das?“
„Wieso das! Bei Taten gibt es immer irgendwelche, die damit nicht einverstanden sind, durchweg Mitglieder unserer Bewegung. Durch

entschlossenes Handeln bringst du nur die eigenen Leute gegen dich auf."

Das leuchtete mir ein.

„Gibt es einen Unterschied zwischen der ‚Entrüstervereinigung' und der ‚Allianz der Dauerbestürzten?", wollte ich wissen.

„Eigentlich nicht", sagte Paul, „die einen stehen eher der Kirche nahe, die anderen der Gewerkschaft. Seit kurzem haben sich beide zu einem Dachverband zusammengeschlossen: ‚Die nachhaltige Empörungsbewegung'."

Ich war beeindruckt. Gleichwohl traute ich mich zu fragen, warum man denn dieses Nullwort „nachhaltig" hinzugefügt habe.

„Na, ganz einfach", erklärte mir mein Gegenüber von oben herab, „damit unser Protest nachhallt..."

Paul kam in Fahrt: „In unserem Volkshochschulkurs haben wir auch ständig an unserer Ausdrucksweise gefeilt. Bei Zwischenrufen klage ich jetzt lauthals über den Redner:

'Ich will nicht glauben, dass man so etwas sagen darf.'

Du solltest mal sehen, wie die zusammenzucken. Oder noch besser: ‚Ich bin entsetzt und sprachlos, dass Sie tatsächlich ernsthaft zu glauben scheinen, was Sie da die ganze Zeit reden. '

Eine vernichtendere Niederlage kann man einem Gegenüber gar nicht zufügen!"

„Aber solche Bemerkungen erschlagen doch jede Argumentation!" schob ich verschämt ein.

Er sah mich mitleidig an.

„Als ob es darauf ankäme", sagte er spöttisch, „Gefühle wollen die Leute, ob echt oder geheuchelt, ist doch völlig egal."

„Wo bleibt da die sachliche Auseinandersetzung? Der Respekt vor der Redlichkeit des Andersdenkenden?“, versuchte ich einzuwenden.
„In welchem Jahrhundert lebst du eigentlich?“, fuhr Paule mich an und holte zu einer großen historischen Parallele aus:
„Das 20. Jahrhundert war ein Jahrhundert der großen Massenbewegungen. Krieg, Terror, Einschüchterung, Brutalität. Die roten Sozis und die braunen Sozis haben auf dieser Klaviatur gespielt und verspielt. Das, was wir da jetzt bei Wahlen oder bei Demos erleben, sind Nachhutgefechte von ein paar Verstörten. Nein, die neue Zeit gehört der Empörungsbewegung. Große Gefühle sind gefragt: Entrüstung – das ist die neue Zeit. Sagt jemand ein falsches Wort, schon sind wir alle bestürzt. Wir brauchen keine Stasi mehr und keine Gestapo, um jemanden mundtot zu machen.“
Ich war beeindruckt von seiner historischen Weltsicht. „Seid ihr denn schon viele in eurer Empörungsbewegung?“
„Viele? Wir sind nach dem schleppenden Abgang der Gewerkschaften der einzig verbliebene gesellschaftliche Machtfaktor links von der Mitte. Du musst mal die Zeitungen genauer lesen, dann siehst du, wie groß unser Anhang ist. Übrigens, das war der nächste Schritt auf meiner Karriereleiter: Ich schrieb Leserbriefe. Sowie irgendwo eine Blattlaus verendete, schlug ich Alarm. Tote Tiere zu beklagen kommt immer gut.“
„Hat eure Empörungsbewegung denn schon die Spitzen der Gesellschaft erreicht?“
Er sah mich an, als käme ich von einem anderen Stern. „Erreicht? Die höchsten Ämter sind in unserer Hand. Unser Ex-Kanzler Schröder ist Ehrenvorsitzender auf Lebenszeit.“
„Bundesregierung?“ fragte ich vorsichtig.

„Alle."
„Bundespräsident?"
„Sträubt sich noch und redet manchmal frech Klartext. Unsere Empörungsprofis sind schon auf ihn angesetzt."
„CDU/CSU?"
„Fast alle."
„Ich denke, ihr seid links von der Mitte?!"
„Eben!!"
„Wer ist nicht in eurem Laden?"
„Eine Landtagsabgeordnete in Hessen und eine Landrätin in Bayern."
„Die Grünen?"
„Na hör mal! Geschlossen! Die meisten sind Gründungsmitglieder unserer Bewegung! Claudia Roth gilt als Chefideologin."
„Die Linke um Lafontaine??"
„Bestimmen bei uns die Vorstandsarbeit."
„Habt Ihr auch ein Emblem?"
„Natürlich! Die gespaltene Zunge hinter vorgehaltener Hand."
Er lehnte sich erneut zurück.
„Karriere kann man nur über uns machen. Tatkraft, Augenmaß, gesunder Menschenverstand – alles Schnee von gestern. Nur noch Verbalathleten haben eine Chance. Nimm Hans Christian Ströbele. Hat sich aus kleinen Protestverhältnissen als RAF-Anwalt hochgearbeitet. Jetzt ist er Bestürzungsexperte des öffentlich-rechtlichen Fernsehens. Er ist der Trendsetter der politischen Betroffenheitsmoral. Anfang der achtziger Jahre haben sie den noch zu 'ner Knaststrafe wegen Unterstützung einer kriminellen Vereinigung verurteilt. Heute steht er kurz vor der Heiligsprechung."

„Du hast recht“, gestand ich Paule zu, „den Ströbele sieht man häufiger im Fernsehen als Günter Netzer und Ernie und Bert.“
„Willst du nicht auch endlich beitreten?“ Er sah mich an.
„Lass man, Paule, mit Bestürzung aus Kalkül will ich nichts zu tun haben. Das bin ich meiner intellektuellen Rechtschaffenheit schuldig“, sagte ich empört.
Paule grinste: „Du bist empört? Na, also, du bist schon auf dem richtigen Weg. Der Rest ist ein bisschen Heuchelei. Das lernt man schnell, wenn man nach oben will....“

Fundsachen:

"Wohltuend ist für jedermann,
sofern er sich entrüsten kann"

"Moralische Entrüstung ist Geltungsdrang mit einem Heiligenschein."

„Ist das Hirn zu kurz gekommen, wird sehr gern Moral genommen.“

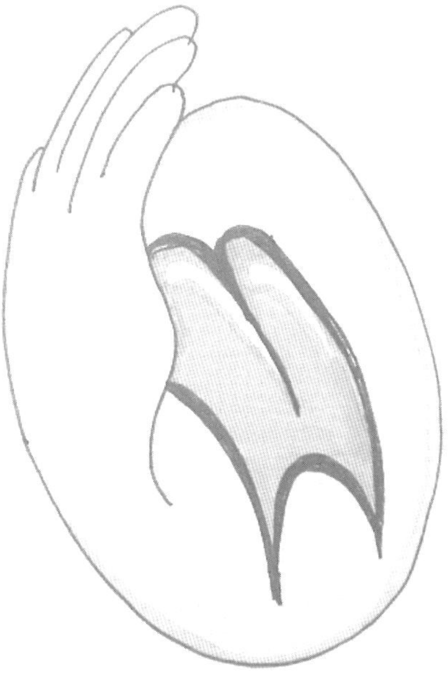

Emblem der Empörungsbewegung: Gespaltene Zunge hinter vorgehaltener Hand

Unser Parteiensystem anzuklagen ist vergebliche Liebesmüh. Das System sitzt zu fest im Sattel. Noch so detaillierte und scharfsinnige Kritik wie im Buch „Das System" von Rudolf von Arnim prallt an ihm ab. Auch die Kritik wohlmeinender Bundespräsidenten schüttelt das System gelassen ab wie ein Hund die Wassertropfen. Gleich einer Krake hat sich das Parteiensystem über das Land gelegt. Keine politisch oder gesellschaftlich relevante Position, die nicht über das Parteibuch vergeben wird. Streng nach dem Proporz an einen Popanz.
Und mit dem Parteiensystem ist es wie dereinst mit der Hydra: schlägt man einen Dummkopf ab, wachsen zwei neue wieder nach.
Bleibt nur noch der Spott:

DIE „PARTEILINIE"

Seit meiner Zeit als Fußballer weiß ich, wie wichtig „Linien" sind. Das gilt natürlich besonders für die „Torlinie". Sie dient vor allem der Orientierung, denn jeder weiß, der Ball muss hinter diese Torlinie, alles andere ist unwichtig.
Noch interessanter als die „Torlinie" finde ich allerdings die „Parteilinie". Das Dubiose bei dieser Linie ist, dass einige sie sehen können (behaupten sie jedenfalls) und einige nicht. Die, die die Parteilinie kennen, nennen sich die Parteioberen. Die anderen, die diese Parteilinie noch nie wirklich zu Gesicht gekriegt haben, sind eigentlich arm dran. Sie müssen den Parteioberen glauben und vorgeben, diese Linie auch in sich fühlen. Um aber ganz sicher zu gehen, müssen sie den Parteioberen auf dem Fuße folgen, ganz dicht und in kleinen Schritten; sie müssen den Rücken leicht nach vorne beugen, die Augen auf den Boden halten und so tun, als ob sie die

imaginäre Parteilinie auch sehen. Dabei sollten sie sich ganz vorsichtig bewegen, damit sie ja nicht aus Versehen von der Parteilinie abkommen.
Üblicherweise beherrschen Parteimenschen den Parteiliniengang – sich vorsichtig in gebückter Haltung vorwärts zu bewegen – ziemlich perfekt. Das verhindert nicht nur Ärger und ist die beste Voraussetzung für die eigene Karriere, sondern es erspart auch das eigene Denken. Und weil das eigene Denken ausgeschaltet ist, merkt der einfache Parteimensch dann noch nicht einmal, wenn er im Kreis herumgeführt wird; oder gar an der Nase.
Die unsichtbare Parteilinie bezieht ihre disziplinierende Wirkung im Übrigen ja gerade daraus, dass man sie nicht sieht. Dadurch kann nämlich auch keiner nachprüfen, wie sie eigentlich aussieht und alle müssen dran glauben.
Gefährlich wird es für einen Parteimenschen, wenn er den sogenannten Parteioberen auf die Schliche kommt, weil er es mit eigenem Denken versucht hat. Noch gefährlicher wird es, wenn er dabei erkennt, dass die Partei gar keine Linie hat. Fortan gilt er als Abweichler, man versucht ihn weich zu kochen und wenn das nichts hilft, geht man mit Härte gegen ihn vor.
Deshalb hängt der Niedergang dieses Staates auch unmittelbar mit dieser ominösen „Parteilinie“ zusammen. Die, die den Staat führen sollen, müssen sich erst ganz lange mit diesem parteilinientreuen, gebückten Gang vorwärts bewegen, bis die vor ihnen Gehenden ausgedient haben. Dann trottet man selber voran und erwartet von den Nachfolgenden denselben Kriechgang, den man lange selbst praktiziert hat. Und wehe, es wagt einer....

So sehe ich mich denn in allen Führungspositionen dieses Staates jenen parteilinienganggeschädigten Gestalten gegenüber. Um meiner Verzweiflung Herr zu werden, werde ich mir jetzt erst einmal einen schönen Linien – Aquavit genehmigen....

Wahlkampf: Die Zeit der schönen Menschen

Wir leben in der Zeit der schönen Menschen. Von allen Seiten lächeln sie uns in periodischen Abständen an. Schlagen wir morgens die Zeitung auf, wird uns einer anlächeln, fahren wir die Hauptstraße lang, grinst uns von jedem Pfeiler ein anderer an und auf jeder Litfaßsäule macht uns eine Schöne schöne Augen. Das Ganze nennt man Wahlkampf. Und irgendein Wahlkampf ist immer. Kommunalwahl, Wahl des Oberbürgermeisters, Landtagswahl, Bundestagswahl, Europawahl.

Wann das mal angefangen hat, dass uns von den Wahlplakaten dauernd nur noch schöne Menschen anlächeln, weiß ich nicht. In der Weimarer Republik dereinst war das anders. Da standen auf den Wahlplakaten noch echte Argumente drauf, jedenfalls bei den demokratischen Parteien. Und dann haben die Leute Hitler gewählt, der hatte nämlich keine Argumente.

Vielleicht kamen die Wahlkampfmanager deshalb nach dem Krieg auf die Idee, dass es besser sei, nichts mehr zu sagen. Also erfand man die „Slogans". Die Älteren unter uns werden sich noch an jene tiefgründigen Worte der CDU erinnern, die uns mahnten: „Keine Experimente." Dann kam die SPD und wollte diesen gesellschaftspolitischen Stillstand beenden und brachte ein neues Auto heraus, den so genannten „Mehr-Demokratie-Wagen". Aber auch der ist inzwischen mächtig abgesoffen, also sagt man am liebsten gar nichts mehr, sondern zeigt uns nur noch schöne Bilder von schönen Menschen.

Damit die Politiker und auch die P.-innen alle ganz schick aussehen, müssen sie vorher aufgestylt werden. Dafür hat sich ein eigener, gut bezahlter Beruf entwickelt: die Visagisten. Die machen aus jeder Visage einen schönen Politiker.

Angefangen hat das damals bei Kohl. Dem haben diese Typberater die alte Hornbrille abgeschwatzt und ihm erzählt, ein neues Brillengestell gäbe so einen Hauch von Intellektualität und Kreativität. Und siehe da, plötzlich sah der Altkanzler ganz tatendurstig aus – und hat in seiner Politik die Probleme genauso dickfellig ausgesessen wie vorher.

Leute um die 40 mit grau meliertem Haar strahlen Seriosität und Realitätssinn aus, sagen die Typberater; Leute um die 60 ohne jedes graue Haar jugendliche Frische. Die Haare sind bei Wählerinnen die halbe Miete, eine der wenigen richtigen Einsichten des Altkanzlers Schröder. Was man sagt und ob man überhaupt was zu sagen hat, ist nicht so wichtig.

Neulich hat angeblich ein Politiker gesagt, die Wahlbeteiligung würde immer geringer, weil die Bürger in unserem Lande so zufrieden seien. Das kommt davon, wenn wir Leute nur noch nach dem Aussehen in Ämter wählen...

Wählt Ulla Shit

„Die zukünftige Verkehrsministerin soll von den Männer erstaunlich viele Stimmen gekriegt haben.“

Vergesslichkeit!

Bereits in den Kindertagen war ich sehr vergesslich. Dauernd ging was verloren. Gemerkt habe ich es immer erst, wenn zu Hause die bohrende Frage kam: „Wo hast du denn wieder deine Mütze? (Turnbeutel, Englischbuch, Monatskarte?)“ Das „wieder“ in der Frage wies darauf hin, dass ich Wiederholungstäter war.

Es folgte eine völlig folgenlose Gardinenpredigt oder die resignierte Feststellung: „Was du so alles verbaselst!“, wobei mir nie klar war, was Basel damit zu tun haben sollte. Es war jedenfalls wie verhext. Mir schien, dass ob ich bereits bei meiner Geburt zu viel aus dem Fluss Lethe getrunken hätte. Dabei sollen in der griechischen Mythologie doch erst die Verstorbenen das „Wasser des Vergessens“ aus besagtem Flusse trinken.

Bis heute hat sich an meinem beklagenswerten Zustand wenig geändert. Immerhin habe ich mir vor längerer Zeit eine Gedächtnisstütze in Form einer Ehefrau angeschafft. Dadurch halten sich die Auswirkungen meiner Vergesslichkeit in Grenzen. Mit einer gezielten Frage: „Wo sind eigentlich meine Schlüssel? (Uhr, Ehering, Portemonnaie?)“ lässt sich leicht alles finden. Meine Frau weiß stets, wo was von mir liegt. Und sie erinnert sich auf unfassbare Weise, wo sie selber was hingelegt hat. Sie kann sich sogar Geburtstage von anderen Leuten merken. Und den Hochzeitstag.

Nun lässt die Vergesslichkeit im Alter bedauerlicherweise nicht nach. Meine Sehkraft lässt nach, meine Knie lassen nach, meine Vergesslichkeit nicht: sie wird schlimmer.

Da grüßen mich freundlich Menschen, von denen ich sicher weiß, sie noch nie gesehen zu haben. Oder im trauten Kreis unter alten

Fußballkumpel werde ich befragt: "Weißt du noch...?" Und dann erzählt mir einer von einem Spiel gegen Holstein Kiel und schildert haarklein die Szene, als ich aus einem Meter das Tor nicht getroffen habe. Ich kann mich weder an das Spiel noch an die Szene erinnern. Bestenfalls daran, dass ich öfters von einem Meter nicht getroffen habe...

Aber die Vergesslichkeit hat auch eine positive Seite: sie erhöht unsere Lebenstüchtigkeit und die Möglichkeit, permanenter Depression zu entgehen.

Man stelle sich nur mal vor, die Wähler könnten nicht vergessen, was ihnen so alles widerfahren ist. 1,6 Billionen Euro Schulden des Staates, pro Sekunde werden es 2000 € mehr.

Der Solidaritätszuschlag nach der Wende sollte schnell wieder abgeschafft werden! Von wegen! Die Umstellung auf den Euro habe keine Auswirkungen auf unsere Lebensverhältnisse, hatte man uns versprochen! Denkste! Die Mehrwertsteuer werde nicht erhöht! Die Arbeitslosenzahlen würden halbiert!

Alles schon vergessen, wie es scheint. Von den volksparteilichen Anführern und den folgsamen Angeführten.

So bleibt der Spott zur Wahlkampfzeit:

Es lebe die Vergesslichkeit!!

Fundsachen:

"Früher, wenn man sich keine Namen merken konnte, hieß das vergesslich. Inzwischen heißt das Alzheimer. Und wieder muss man sich einen Namen merken."

„Zugegeben, einige Druckfehler. Aber es interessiert doch eh keine Sau, was auf den Wahlplakaten draufsteht!“

Kommunalpolitik:

Eine Fußbodenheizung für die Fußgängerzone

Eine Kommune, irgendwo in diesem unserem Lande, irgendwie typisch.

Eine großkotzige Kleinstadt, sagen die einen, eine kleinkarierte Großstadt, sagen die anderen, die Wahrheit liegt wohl in der Mitte.

Ein neues zukunftweisendes Großprojekt wird auf den guten Weg gebracht: die Fußgängerzone soll mit einer Fußbodenheizung ausgestattet werden. Die Idee dazu stammt, wie gewöhnlich, aus der Stadtvergewaltigung.

Gemäß der üblichen Maxime: „Teurer Rat ist gut" wird sofort eine fremde Firma beauftragt, die Sache zu untersuchen. Bald darauf liegt auch ein dreißig Seiten langes Gutachten vor. In ihm werden die glänzenden Aussichten nach der Neugestaltung der Flaniermeile zu einer guten Stube nachgewiesen. Die Gutachter – Firma errechnet eine Erhöhung der Temperatur in der Fußgängerzone von 7,24 Grad und kassiert dafür 85000 Euro. Zufällig ist diese Firma auch bei der Herstellung der benötigten Isoliermatten beteiligt.

Die SPD-Ratsfraktion bricht in einen wahren Jubelsturm aus, weil dadurch den Schwächsten der Gesellschaft, die allmählich kalte Füße kriegen in unserm Staat, tatkräftige Unterstützung gewährt würde. Jene bedauernswerten Randgruppen, etwa 52 % der Gesamtgesellschaft, die sich keine warmen Socken und dicken Schuhsohlen mehr leisten könnten, würden fortan wieder unbeschwert durch die Fußgängerzone bummeln oder hinter ihrem Hut sitzen können. Die CDU ist gespalten. Die einen hätten die Fußbodenheizung lieber auf dem Domplatz gesehen, die anderen sind für Wärmestrahler vorm Arbeitsamt. Allerdings kann man sich dem Argument nicht verschließen, dass eine Fußgängerzonenfußbodenheizung den Hundekot schneller trocknen ließe, der so leichter der Atemluft zugeführt werden könne.

Die Grünen bejahen das Projekt, weil im Bauabschnitt eine vom Aussterben bedrohte Staubmilbenpopulation entdeckt worden ist. Wärme von unten erhöhe die Lebenschancen dieser possierlichen Tierchen, frohlockt man. Allerdings nur, wenn gleichzeitig eine Drainage unter die Fußbodenheizung eingezogen würde, was die Gesamtkosten freilich verdoppeln wird. Der Stadtkämmerer meldet leichte Bedenken angesichts des riesigen Schuldenberges der Stadt an, die aber von Tisch gefegt werden, weil der Artenschutz nicht an solch kleinlichen Einwänden scheitern dürfe.

Auch die FDP sagt ihre volle Unterstützung zu und gründet eine „Initiative für ein wärmeres Deutschland".

Von allen Seiten begrüßt wird auch die Möglichkeit, im Zuge der Umbaumaßnahmen die als Kunst deklarierten Schrottskulpturen aus der Innenstadt wieder entfernen zu können.

Selbige vor sich hin rostenden „Kunstwerke" hatte man erst vor kurzem für läppische 200.000 € von einem auswärtigen Künstler aufstellen lassen.

Einzig eine Bürgeraktion fragt besorgt an, ob die Verantwortlichen denn noch alle Latten am Zaun hätten. Da aber in der Kommune Augenmaß und gesunder Menschenverstand längst abhanden gekommen sind, wird mit überwältigender Mehrheit der Ratsbeschluss gefasst:

Die Fußgängerzone ist mit einer Fußbodenheizung zu versehen, koste es was es wolle.

„Moderne Kunst?“ „Nein, Mahnmal für den Haushalt unserer Stadt!“

Die Doppelkopf-Damen in Wien

Meine Frau fliegt an diesem Wochenende mit ihren Doppelkopffreundinnen nach Wien, eine prall gefüllte Doppelkopfkasse im Rücken. Angeblich wollen sie dort in Kultur machen und sogar in die Oper gehen. Ich meine, ich hätte mir ja die Karten zeigen lassen können, aber das hätte so nach Misstrauen ausgesehen, und diese Blöße wollte ich mir nicht geben.

Aber irgendwie nagt doch ein gewisses Unbehagen. Man kennt sie ja, diese Wiener Charmeure mit ihrem Schmäh. In den berühmten Kaffeehäusern hängen sie rum oder lungern über die Burgstraße und machen den unbedarften Mädels aus der Provinz schöne Augen, von den Komplimenten ganz zu schweigen.

Wir daheim gebliebene Männer haben hier zuhause derweil die so genannte „sturmfreie Bude“. Die hat freilich inzwischen auch etwas von ihrem Reiz eingebüßt...

Aber gilt dieser Reifeprozess auch für die Damen? Ich stelle mir gerade vor, die überall in der Republik von allen Wahl-Plakatwänden gewinnend lächelnden Politiker würden in Wien ihr Unwesen treiben.

Nehmen wir einen Grünen.

Jugendlich frisch mit reichlich Erfahrung – eigentlich eine ideale Mischung für reife Damen. In meiner Phantasie sehe ich ihn über den Wiener Prater flanieren und mit seinem

sphinxhaften Lächeln die unbedarften Touristinnen betören. Aber irgendwie wirkt er doch wie ein gescheiterter Vertreter für Windkraftanlagen. Viel Wind und nichts dahinter. Immer ein bisschen verschwuchtelt.
Also stelle ich mir einen massigen Sozialdemokraten vor, wie er – groß und stämmig – durch die Flügeltür des Kaffeehauses tritt und bedächtig in das rauchgeschwängerte Halbdunkel schreitet, wo vier Augenpaare ihn anstarren. Sein Lächeln hat zunächst etwas Spitzbübiges. Aber schnell macht sich doch eine gewisse Ernüchterung breit: Ein tapsiger Bär mit Schwabbelbacken, die der Bart mühsam kaschieren soll. Seine Ausstrahlung lässt eher vermuten, dass er als Vorkoster einer Gourmet-Zeitung die Sacher-Torten überprüfen soll.
Aber vielleicht ist den Doppelkopf- Damen doch eher ein jugendlicher Liebhabertyp genehm: Ein Liberaler zum Beispiel. Offenes Lachen, kesse, herausfordernde Blicke. Touristenführer im Stephansdom, dem die Damenwelt jedes Wort von den Lippen schlürft. Ich werde ein wenig unruhig, aber tröste mich: Der hat sicherlich einen festen Freund, der ihn gleich nach Führung abholt.....
Mein geistiges Auge wandert weiter. Zu einem Linken. Linkisch schlendert er vor der Karlskirche an den Mädels vorbei, mal mit dem stahlharten blauen Blick eines Kevin Kostner, mal mit der sanften Aura eines Stehgeigers. Welch eine Wandlungsfähigkeit, welch eine Vielseitigkeit. Typ Windhund,

der Damen alles verspricht, was sie gerne hören möchten. Wenn ich mir dann auch noch vorstelle, dass er haucht: „Kiss die Hoand, gnä Frau…!“, dann werde ich kurzfristig unruhig. Aber dann sage ich mir, dass die Damen die dreiste Verlogenheit durchschauen und sich hoffentlich Geschmack und Niveau bewahrt haben werden.

Wie wär’s mit einem Christdemokraten, die Christdemokratinnen fallen in diesem Zusammenhang ja aus. Stattlicher Kerl, sauberer Scheitel, Gebetbuch unter dem Arm.

Ich lehne mich beruhigt zurück. Für den wird eheliche Treue nicht nur ein Überbleibsel aus dem frühen Mittelalter sein, sondern gelebte Wirklichkeit.

Dann eben so ein Gewerkschaftsbonze. Ich gebe zu, ich habe in Bezug auf Gewerkschaftsführer in der letzten Zeit einen Lernprozess durchgemacht. Ich habe sie bisher immer für so blutleere Typen gehalten, die sich asketisch und fern ab vom prallen Leben für das Wohl der Arbeiterklasse ins Zeug werfen. Ideologievernagelt. Die Geschichte damals in Wolfsburg hat mich eines Besseren belehrt – a la bonne heure – die Jungs haben es ja faustdick hinter den Ohren. Da sehe ich ihn sitzen, den Funktionär des werktätigen Volkes, beim Heurigen. Und siehe da, er ist weinselig eingenickt.

Mit dieser Vorstellung schlafe ich beruhigt ein.

GESCHICHTEN, DIE DAS LEBEN SCHREIBT:

In Fuerteventura erzählte eine Fremdenführerin folgende wunderbare politische Anekdote: Der gewählte Bürgermeister eines Dorfes hatte sich schamlos auf Kosten der Allgemeinheit bereichert. Nun stand die Rache dafür in Form einer Neuwahl an. Dem Bürgermeister gelang es allerdings, mit einer kurzen Rede seine Wiederwahl durchzusetzen:

„Liebe Mitbürgerinnen und Mitbürger, ich habe das größte Haus am Platz, ich habe das schnellste Auto und ich habe die größte Jacht. Warum wollt ihr jemanden wählen, der das alles noch nicht hat?!??"

Für die meisten Menschen nimmt die Glaubwürdigkeit eines Argumentes zu, wenn man ein paar Zahlen einstreut, Prozentzahlen am besten. Zahlen haben immer den Hauch von Objektivität und Unantastbarkeit, wenn sie nicht gerade von Finanzministern stammen. Oder von Immobilienberatern.

Statistikdesign

Ich unterhalte mich gerne mit meinem Freund Franz. Franz verdient sein Geld damit, dass er die Mechanismen unserer Gesellschaft durchschaut hat. Zurzeit ist Franz als Statistikdesigner tätig.
„Was macht denn so ein Statistikdesigner“, frage ich ihn.
„Ganz einfach“, sagt er, „wir geben einer Statistik ein schöneres Aussehen. Andere tunen Motoren, wir tunen Zahlen. Faktenglätting ist der Insiderbegriff.
Nehmen wir beispielsweise unserer Arbeitslosenstatistik. An sich sieht die nicht sehr schön aus, aber wenn man ein paar Korrekturen vornimmt, sieht die Sache schon viel freundlicher aus.
Für diese Korrekturen sind wir zuständig.
Vor nicht allzu langer Zeit haben wir alle, die irgendwelche ‚Qualifizierungsmaßnahmen machen oder die im zweiten Arbeitsmarkt beschäftigt sind‘ (HAZ vom 30.5.2008), kurzerhand rausgenommen. Durch solche einfachen kosmetischen Eingriffe sind die Arbeitslosenzahlen stetig zurückgegangen. Rechnet man alles zusammen, ist die Arbeitslosigkeit in den vergangenen sieben Jahren um 112% gesunken.“
„Das geht doch gar nicht.“

„Beim uns Statistikdesignern schon. Wir sind sogar am überlegen, ob wir den Begriff der Arbeit nicht ein wenig neu definieren. Wenn sich jemand beispielsweise morgens um 11.30 Uhr ein paar Brötchen zum Frühstück holt, leistet er doch auch Arbeit. Den nehmen wir dann aus der Arbeitslosenstatistik einfach raus."

„Wer bleibt denn dann noch übrig?" frage ich.

„Nun", sagt Franz stolz, „alle die, die sich keine Brötchen holen! Moderne Manipulation findet mittels Statistiken statt. Mit ihnen kann man beweisen, dass Frauen Auto fahren können und Italiener bessere Liebhaber sind als Karnickel; dass Nichtraucher seltener Fußpilz haben und Fußgänger häufiger fremd gehen."

Ich war beeindruckt.

„Wir richten uns bei unseren Statistiken immer nach unseren Auftraggeber. Dieser gibt uns das Ergebnis vor und wir richten danach die Statistik ein. Wenn beispielsweise einer vom Arbeitgeberverband kommt, und sagt, er brauche für eine Talk-Show bei einer Will-fährigen Dame eine Statistik, nach der zwei plus zwei drei sei, dann machen wir das. Danach gehen wir zum Gewerkschaftsbund und erzählen denen davon. Die wollen dann eine Statistik haben, nach der zwei und zwei ungefähr fünf ist. Auch das machen wir für die."

Ich wende ein:

„Und vor dem Fernseher sitzen dann die, für die zwei und zwei nach Adam Riese vier ist und die die Welt nicht mehr verstehen".

„Es kommt doch schon lange nicht mehr darauf an, die Welt zu verstehen. Gefühle sind gefragt. Es kommt nicht darauf an, wie etwas ist, sondern etwas für den Betrachter wirkt. Wir sind für das Make-up in den Statistiken zuständig. Auch wenn ich noch so niederschmetternde Zahlen geliefert kriege, nach meiner Behandlung sind die ansehnlich wie die Titten von Pamela Anderson."

Franz lehnt sich siegessicher zurück.

„Wenn es ganz dicke kommt, arbeiten wir mit ‚Schätzungen'. Dann haben wir von vornherein jede Kritik ausgeschaltet, denn man wird sich doch wohl mal verschätzen dürfen."

„Wer ist euer größter Auftraggeber?"

„Bunderegierung. Neulich wollten die z.B. die Kinderarmut designet haben. Hab ich gesagt, das machen wir einfach so:

„Die Bundesregierung reduziert in der Statistik mit einer neuen Art der Berechnung von Hartz IV Ansprüchen die armen Kinder. Dazu müssen für Kinder in den Haushalten, die von dieser Art staatlicher Unterstützung leben, Anträge auf Wohngeld gestellt werden. Der Effekt: die Kinder haben auf dem Papier ein eigenes Einkommen und gelten damit für die Statistik nicht mehr als arm…."(HAZ vom 31.5.2008, S.2)(Realsatire vom feinsten, gelle?)

„Auf die Idee muss erst mal jemand kommen" sage ich.

„Gegen unsere Täuschungsmanöver ist David Copperfield ein Anfänger", strahlt Franz.

„Aber deine Statistiken sind eigentlich nichts mehr wert. Der Erkenntniswert ist doch relativ gering."

„Als ob es darauf ankäme. Der emotionale Wert der Statistik ist das entscheidende. Dabei müssen wir zwei Arten von Statistiken unterscheiden: die Wohlfühl - Statistik und die Horror -Statistik. Die Leute wollen beides. Auf der einen Seite wollen sie über ihre beschissene Lage hinweg getäuscht werden, auf der anderen Seite wollen sie gerne Katastrophenszenarien, damit die eigene beschissene Lage noch als das kleinere Übel erscheint!"

Ich kann meinen Respekt nicht verhehlen.

„Und ? Verdienst Du gut?“

„Und ob. Heutzutage macht vor allem der einen Reibach, der die Sehnsucht nach dem eitlen Schein für sich zu nutzen weiß. Das ist statistisch erwiesen....“

Die Wirtschaft hat sich in der letzten Zeit gut entwickelt

Wenn wir schon nörgeln, dann auch konsequent. Dieses Kapitel wird abgeschlossen durch den ersten Teil des Jahreszeitenzyklus: Gedanken über das Wetter:

FRÜHLING

Wann flattert schon als blaues Band
der Frühling durch das ganze Land?
Mal liegt er träge, grau und schwer,
Mal stürmt und hagelt er daher,
Und wenn es blüht, dann kommen Pollen,
Aus Nasen werden rote Knollen.
Am Bauch, da sitzt der Winterspeck
Und geht und geht nicht richtig weg.

Der Fluss, der schläft jetzt langsam aus,
Er tritt aus seinem Bett heraus.
Und springt die erste Blüte keck,
Dann knickt der Nachtfrost diese weg.
Den Bauern muss der Lenz zu vergällen,
Er muss jetzt Feld statt Bier bestellen.

Man will, dass jetzt die Gräser sprießen,
Stattdessen sieht man Unkraut schießen.
Nun mal im Ernst gesagt, ihr Lieben,
Die Dichter haben übertrieben:
Wenn wir den Frühling nüchtern sehn,
Dann ist er nur noch halb so schön...

Wenden wir uns nun allgemeinen gesellschaftlichen Ereignissen zu:

ZIVILCOURAGE ? LASSEN SIE BLOß DIIIIIE FINGER DAVON!!!

In jeder Gesellschaft entwickeln die Menschen Überlebensstrategien zur Bewältigung ihres Alltages. Eine der wichtigsten Regeln heißt heute: Lerne wegzugucken.

Ich will Ihnen das an einem kleinen Beispiel verdeutlichen: Nehmen wir an, Sie sind Lehrer und gehen über den Schulhof. Sie kommen auf zwei Fünftklässler zu, die sich prügeln. Entschlossen und couragiert gehen Sie auf die beiden zu.

Mit Ihrer auf Konfliktbewältigungsseminaren geschulten Feinfühligkeit versuchen Sie die Pampers - Krieger zu beschwichtigen. Fruchtet nichts, die hauen weiter. Nun greifen Sie beide an den Oberarmen und ziehen sie auseinander. Wie eine ärztliche Untersuchung hinterher ergibt, hat jeder der Schüler am Oberarm einen blauen Fleck. Nun haben Sie ein Problem. Ihr Problem wird dadurch vergrößert, dass einer der Väter Anwalt ist. Dieser droht Ihnen umgehend, er werde alle ihm zur Verfügung stehenden rechtsstaatlichen Mittel ausschöpfen, um Rambos wie Ihnen das Handwerk zu legen. (Natürlich erkennt der Anwalt wegen der inzwischen entstandenen Aufmerksamkeit in der Öffentlichkeit die Chance, seiner Not leidenden Kanzlei durch besondere Forschheit wieder auf die Beine zu helfen.) Ihre Probleme werden verschlimmert, weil der andere der Schüler ein Ausländer ist. Hilflos sehen Sie sich in der Folgezeit den Einschüchterungs- und Bedrohungsszenarien eines rachedurstigen Ethno – Clans gegenüber.

Die Polizei bescheidet Ihnen, sie könne erst eingreifen, wenn was passiert ist.
Wer gibt Ihnen Schutz? Wer hilft Ihnen in Ihrer Not? Wer stärkt Ihnen den Rücken?
Ihre vorgesetzte Schulbehörde lässt Sie lange Berichte schreiben, um zu überprüfen, ob Sie auch alle pädagogischen und psychologischen Möglichkeiten ausgeschöpft haben. Die Justiz sieht im vorliegenden Fall die Verhältnismäßigkeit der Mittel nur bedingt gewahrt. Weil einer der beiden Schüler angeblich weglaufen wollte, ist inzwischen zum Tatbestand der Nötigung und Körperverletzung auch noch die Freiheitsberaubung hinzugekommen. In der örtlichen Presse wird besorgt darüber diskutiert, warum und wie lange noch solche Schlägertypen wie Sie auf unschuldige Kinder losgelassen werden. Eine Menschenrechtsorganisation prangert die Ungeheuerlichkeit des Vorganges an und die Ausländerbeauftragte wirft Ihnen Fremdenfeindlichkeit vor. Am Ende des Verfahrens ist Ihre Gesundheit kaputt, Ihr gesellschaftliches Ansehen vernichtet und Ihre Frau weg.
Selbst Schuld! Warum sind Sie auch nicht den üblichen Weg gegangen, jenen, den unsere Gesellschaft honoriert??! Sowie Sie bei Ihrem Gang über den Schulhof auf die beiden Hitzköpfe aufmerksam geworden sind, hätten Sie sofort so tun müssen, als hätten Sie was im Lehrerzimmer vergessen und wären schnurstracks umgekehrt. Dort angekommen hätten Sie – ganz allgemein- Ihre Besorgnis über die zunehmende Gewalt unter Jugendlichen geäußert.
Wenig später spricht sich herum, dass bei einer Prügelei auf dem Schulhof ein Schüler vier Zähne verloren hat und sein Unterarm gebrochen ist. Die Stichverletzungen des anderen erweisen sich –

Gott sein Dank - als nicht so schwerwiegend. Der Krankenwagen ist im Anmarsch.
Sie tun kund, dass die Vorgänge Ihre Besorgnis bestätigen, geben Ihrer Empörung über die Brutalität Ausdruck und steigern dies gekonnt bis zur Bestürzung. Der herbeigeeilte Vater eines beteiligten Knaben (seines Zeichens Anwalt) droht der Schule mit einer Klage wegen Verletzung der Aufsichtspflicht und Körperverletzung wegen unterlassener Hilfeleistung. Sie raten diesem Vater zu konsequentem Handeln und sagen ihm ihre Unterstützung zu.
Auf der nächsten Gesamtkonferenz fordern Sie – im Beisein der von Ihnen herbeizitierten Presse – die Einrichtung eines Arbeitskreises zur Verhinderung von Gewalt unter Jugendlichen. Gleichzeitig kündigen Sie Ihren Beitritt zum Präventionsrat an.
Überall lobt man Ihr Problembewusstsein und Ihr soziales Gewissen. Höheren Ortes ist man bereits auf Ihr Engagement aufmerksam geworden. Sie werden in den Kirchenvorstand gewählt und belegen zwei weitere Bestürzungsseminare. Ihre Gesundheit ist prächtig, Ihr gesellschaftliches Ansehen enorm und Ihre Frau ist stolz auf Sie wegen Ihres warmen und einfühlsamen Wesens.
Und das alles wollen Sie sich wegen so ein bisschen Zivilcourage vermasseln???!

Die schönste Moral ist die Doppelmoral

Dem Berliner Kabarettisten Didi Hallervorden wird die interessante Formulierung zugesprochen: „Alles ist schlechter geworden, nur eins ist besser geworden, die Moral ist schlechter geworden."

Richtig an diese Aussage ist zunächst erst einmal, dass die Moral schlechter geworden ist. Da schwadronieren irgendwelche Sumpfhühner über ihre Feuchtgebiete, Gewerkschafter lassen sich korrumpieren (VW -Syndrom) und brave Bürger bescheißen den Staat bei den Steuern (Liechtenstein -Syndrom). Aber es gibt sie, Gott sei Dank, noch, diejenigen, die die öffentliche Moral predigen und prägen. Jene edlen Ritter, jene Apostel der Moral, deren glanzvolles Menschentum uns mit Scham erfüllt. Jene, die als leuchtende Vorbilder für unsere Kinder und als Exemplare unseres idealen Selbstbildnisses dienen sollen.

Wenn sie ihre Verdammungsreden in die Welt schleudern, dann stehen wir kleinen Sünderlein ganz schamhaft da und denken wie ein Zöllner: Schade, dass ich nicht so bin wie jener da. Gleichwohl beschleicht uns ab und zu die Sorge, dass jene wunderbaren Vorzeigeexemplare der menschlichen Spezies vielleicht doch nicht so edel sind, wie wir es gern hätten. Und plötzlich kommen Sie ans Licht, jene Geschichten über Michel Friedemann, über den New Yorker Gouverneur Spitzer oder über jenen Staatsanwalt aus Straßburg, die jetzt folgt.

Und dann sind wir ganz beglückt, dass diese Leute doch nicht so toll sind wie sie sich immer dargestellt haben und wir können mit unseren eigenen Unzulänglichkeiten viel besser leben:

GESCHICHTEN, DIE DAS LEBENS SCHREIBT

Ein besonders eindrucksvolles Beispiel unverfrorener Doppelmoral lieferte ein ehemaliger französischer Staatsanwalt im niedersächsischen Celle.
Er hatte Verführungskünste in einem Bordell mit einer gestohlenen Kreditkarte beglichen und ist zu einer zehnmonatigen Bewährungsstrafe verurteilt worden. Der scharfe Franzose hatte an einer Richtertagung in Celle teilgenommen, bei der es um „grundlegende ethische Prinzipien für den Staatsanwalt" ging. Beim Abendessen klaute er - so das Gericht- die Kreditkarte einer anderen Teilnehmerin, Beamtin des Europarats. Von dieser Karte zog das Bordell „Le Bijoux" 578 Euro ein. Der Franzose kam unter Verdacht, weil er bereits in der Nacht zuvor am gleichen Tatort ohne Hose rumgelaufen war. Da hatte er allerdings mit seiner eigenen Karte gezahlt .
Der Staatsanwalt „ hatte bereits bei mehreren Tagungen über ethische Fragen referiert und dabei unter anderem gesagt, Staatsanwälte müssten sich nicht nur während der Ausübung ihres Berufes, sondern auch im Privatleben äußerst korrekt verhalten."
HAZ 13.5.2006

> ***„Ach, wie ist es gut, wenn einem der moralische Halt so gänzlich fehlt."***
> ***Franziska zu Reventlow, Tagebücher***

„Meine Rede gestern hat großen Eindruck gemacht!“

Erfahrungen mit der Obrigkeit oder

400 Millionen Euro und 50 Cent

Vor einiger Zeit wurden im Finanzministerium des Landes Niedersachsen (laut Hannoversche Allgemeine Zeitung vom 30. Mai 2002) 400 Millionen Euro gesucht oder falsch gebucht oder wie auch immer. Aber wir erfuhren auch, es sei alles nicht so schlimm. Gleichwohl beschleicht einen das Gefühl, dass da vielleicht nicht so ganz sorgsam mit unserem Gelde umgegangen werde. Umso beglückender sind dann Erfahrungen, wenn man auf der anderen Seite einen besonders verantwortungsbewussten Umgang der „Obrigkeit" mit unserem Geld erlebt. Die nachfolgende kleine Geschichte soll das belegen, die in derselben Zeitung desselben Tages stand:

Eben jener 30. Mai, 7 Uhr 10 . Eine Studienrätin steigt in die Linie 4 ein, um zum Unterricht zu fahren. Die Bustür schließt, sie soll bezahlen, einen Euro fünfzig. Die Lehrerin fährt ausnahmsweise mal mit dem Bus und stellt zu ihrem Entsetzen fest: sie hat nur einen Euro und einen 50 Euro Schein. Der Busfahrer kann nicht wechseln und ordnet an, dass die Dame bei der nächsten Bushaltestelle auszusteigen habe. Die Studienrätin zeigt sich uneinsichtig und beharrt darauf, den Unterricht in der ersten Stunde, Deutsch in einer siebten Klasse, geben zu wollen. Sie hoffe außerdem, dass ein Schüler ihres Gymnasiums zusteige und ihr vielleicht die fehlenden 50 Cent leihen könne. Sie bleibt im Bus. Nächste Station, ein Hoffnungsschimmer, eine ihr bekannte Schülerin steigt tatsächlich zu. Die Lehrerin will sich 50 Cent leihen, die Schülerin hat nur 10 Euro, der Busfahrer kann wieder nicht wechseln und beharrt darauf, die

Dame solle den Bus verlassen. Verzweifelt rennt die gestresste Pädagogin durch den Bus, um jemanden zu finden, der ihr die 50 Euro wechselt. Sie erntet Schweigen bei den älteren Passagieren, die dadurch dem Busfahrer die nötige Rückendeckung geben.
Die Dramatik nimmt zu, als sich ein Kontrolleur zu erkennen gibt, der für die konsequente Durchsetzung obrigkeitlicher Inkassopolitik zuständig ist. Selbiger dringt ebenfalls auf ein sofortiges Verlassen des Busses. Da, an der nächsten Haltestelle steigt tatsächlich eine Schülerin eben jener siebten Klasse zu, in der in der ersten Stunde gegen die Ergebnisse der Pisa - Studie angekämpft werden sollte. „Hast Du mal 50 Cent für mich?", fragt flehentlich die Beamtin. „Und wenn nicht?" lautet die flotte Gegenfrage. „Dann muss ich jetzt aussteigen und Deutsch fällt aus ...."
Die Schülerin hat 50 Cent - und Deutsch findet statt, dem Schutzpatron für Bildung sei Dank.
Und außerdem hat man sein Vertrauen in die deutsche Obrigkeit wieder, in ihre Seriosität, in ihre erstklassige Buchführung und in ihre Durchsetzungsbereitschaft. Nur der Blick für das Wesentliche scheint ein wenig abhanden gekommen zu sein.

Im Mittelalter war es einem ehrlichen Christen untersagt gewesen, als „Geldverleiher“ tätig zu sein. Das schöne, fast lautmalende Wort von „Wucherei“ unterstrich das öffentliche Image dieses Geschäftes.
Um mir nicht den medialen Aufschrei des Zentralrates der Juden zuzuziehen, vermeide ich die Aussage, wer in diesem Bereich vor allem tätig war.
Im 19. Jahrhundert begann der kometenhafte Aufstieg des christlichen Bankgewerbes. Aus dem Geldverleiher wurde ein Bankangestellter oder gar Bankmensch, wobei dieser Begriff ein Widerspruch in sich selbst zu sein scheint.
Zu Beginn des 20. Jahrhunderts wurde der Beruf dann etwas feiner und das gestiegene Selbstbewusstsein äußerte sich darin, dass man sich jetzt Bankier nannte. Französisch kommt immer gut, wenn es um feinere Lebensart geht.
In neuester Zeit sind daraus die Banker geworden, das spricht sich wie Bäcker, nur mit n.

Der Anlageverbrater

Mein Freund Levi war Anlageverbrater bei einer deutschen Bank gewesen.
Levi hatte es geschafft: Finca auf Mallorca, Konto in Liechtenstein, geschieden. Levi schwamm im Geld und spottete über mich, der ich finanziell permanent auf dem Trockenen saß. Er war einst mein Klassenkamerad gewesen. Er hatte die Schule nach der 10. Klasse abgebrochen und eine Banklehre begonnen, ich Idiot hatte mich bis zum Abitur durch gequält und studiert. Ab und zu durfte ich Levi auf

Mallorca besuchen und gratis bei ihm wohnen. Das sei er einem alten Kumpel schuldig, der es im Leben zu nichts gebracht hätte.
Levi war bis zu seiner Haftstrafe auf Bewährung Banker gewesen und genoss nun die Früchte seines Berufslebens.
Er hatte sich bereits in jungen Jahren neben seiner Banklehre privat durch häufige Besuche in der Spielbank fortgebildet. Irgendwann wurde er Investmentbanker und konnte fortan seiner Zockerei in großem Stile frönen. Er jonglierte mit schwindelerregenden Summen mit erregendem Schwindel. Irgendwann hatte er den Überblick verloren, aber es machte nichts, weil es nicht sein Geld war, das er in den Sand setzte. Mehr noch, er profitierte von jeder Transaktion, die er tätigte und zweigte so erstaunliche Summen in seine eigenen Taschen ab.
Wir saßen entspannt auf der Terrasse der wunderschönen Finca und blickten auf den Strand, der im Abendlicht vor sich hindämmerte. Levi hatte die Rotweingläser nachgefüllt.
„Wie groß bist Du eigentlich?“ fragte er mich unvermittelt.
„So ungefähr 1,70 m“, antwortete ich.
„Siehst du, das kommt genau hin“, sagte Levi.
„Was kommt hin?“
„Also, wir haben mit unseren Spekulationsgeschäften 1,7 Mrd. Euro verbraten, das sind 1700 Mio. Euro. Du bist 1700 mm groß, kommt es da bei dir auf 3 Millimeter an?“
„Natürlich nicht, wenn ich nasse Haare habe, bin ich 3 mm kleiner.“
„Siehst du, diese 3 mm habe ich für mich abgezweigt.“
„Hat euch denn niemand beaufsichtigt?“

„Doch, der Aufsichtsrat. Aber da saßen überwiegend Politiker drin. Da waren welche dabei, die konnten noch nicht mal Brutto und Netto auseinanderhalten."
Er nahm zufrieden einen weiteren Schluck aus dem Glase.
„Als das Kartenhaus der internationalen Bankgeschäfte durch die Immobilienkrise in den USA zusammenstürzte, gab ich mich kurzfristig bestürzt und ich sollte in den Knast. Ein Kleinkrimineller hätte etwa 40.000 Mal einbrechen müssen, um einen ähnlichen Schaden anzurichten wie ich! Aber ich kriegte ‚Bewährung'."
Er lachte laut auf:
„Bewährung! Natürlich muss ich keinen Finger mehr krumm machen, bei dem, was in Liechtenstein liegt."
Levi lehnte sich stolz zurück.
Seine Stimmung schien mit jedem Schluck Rotwein zu wachsen.
„Hast Du denn keine Skrupel? Schließlich ist dem armen deutschen Steuerzahler die Rechnung für deine 'Anlagegeschäfte' präsentiert worden."
„Ach, Quatsch", sagte Levi, „wer heute als armer Steuerzahler über die Runden zu kommen versucht, ist selber Schuld. Und im Übrigen hat man dem braven Bürger ohnehin schon so viel aufgebrummt, da kommt es auf das bisschen nun wirklich nicht mehr an....."
Und bei mildem Wetter öffnete er auf der Terrasse seiner Finca eine neue Flasche feinsten Rotweines für mich.
„Wiedergutmachung", grinste er...

Wenn man mal muss im Reisebus

Ganz früh am Morgen geht es ab,
Der Reiseleiter hält auf Trab.
Und endlich sitzt du nach der Hatz
Auf deinem angestammten Platz.
Der Bus rollt an und du bist froh,
Das erste Ziel ist Buffalo.

Du lehnst dich in dem Sitz zurücke,
Genießt die An- und Augenblicke.
Und wie das Land vorüberfließt....
Dir plötzlich durchs Gehirne schießt,
Du müsstest eigentlich auf‘s Klo!
Und noch 50 Meilen bis Buffalo..

Du denkst zunächst, es sei die Psyche,
Dass der Gedanke in dir krieche.
Du dürftest nur nicht daran denken,
Der Täuschung keinen Glauben schenken.
Doch unerbittlich drückt der Po
Und noch 40 Meilen bis Buffalo!

Das Panorama rauscht vorbei,
Du bist mit einem Aug' dabei.
Das andere nach innen blickt,
Wo deine Blase zwackt und zwickt.
Jetzt pinkeln gehn -was wärst du froh!
Und noch 30 Meilen bis Buffalo..

Du könntest ja auf's Not - Klo gehn,
Doch würden das ja alle sehen,
Die Blöße willst du dir nicht geben,
Da willst du lieber qualvoll leben,
Als 50 Blicke, schadenfroh!
Und noch 20 Meilen bis Buffalo!

Gemächlich kommt der Bus voran,
Der Blasendruck steigt ständig an.
Ein Reisebus fährt selten schnelle,
Inzwischen spürst du jede Delle.
Da steht ein Schild im Nirgendwo:
Und noch sieben Meilen bis Buffalo!

Inzwischen wird dir langsam bange,
Du seist der letzte in der Schlange!
So suchst du dir gedanklich schon
Die beste Ausgangsposition.
Doch warten musst Du sowieso!
Und noch eine Meile bis Buffalo!

Dann endlich ist der Bus am Ziel
Auch warten musst Du jetzt nicht viel.
Du fühlst dich glücklich und befreit
Und für die Weiterfahrt bereit
Du fährst erleichtert zwei, drei Meilen.
Dann wird die Sorge dich ereilen:
Du müsstest eigentlich aufs Klo!
Es ist erst kurz hinter Buffalo......

Krimis in der ARD

(Es lebe das Klischee...!)

Ich sehe mir im Fernsehen gerne mal einen Krimi an. Am besten Tatort, zur Erinnerung an Stoever und „Brocki". Bei Krimis weht immer ein Hauch von beglückendem Pharisäertum durch unsere warme Stube: „Wie gut, dass ich nicht so bin wie jene da...." Und danach schläft es sich besser.

Allerdings irritiert mich zunehmend das Profil der Straftäter. Letztens, wieder Tatort, Robert Atzorn spielt den Kommissar. Während einer Demo wird ein Unbeteiligter auf der Straße zusammengeschlagen. Natürlich werden von der voreingenommenen Polizei zunächst einige nette Jungs von attac verdächtigt. Aber der verständnisinnige Kommissar lässt sich von solchen Klischees nicht leiten, zumal sein Sohn zu den wohlerzogenen Demonstranten gehört: Er entschuldigt sich bei der Polizei brav für seine Entgleisungen. Sehr sympathisch, diese Steineschmeißer. Und tatsächlich: wer waren im Endeffekt die Täter? Ein Apotheker, ein Staatsrat und ein Bauunternehmer. Und der Kommissar gesteht seinem Sohn, dass er selbst auch gerne an der Demo teilgenommen hätte.
„Die Kommissarin" läuft, Hannelore Elsner löst mit dem Charme einer Spätblühenden den Fall. Morde an jungen Frauen. Natürlich ist der zunächst verdächtigte Sexualstraftäter aus dem Vereinsregister dieser Gilde völlig unschuldig. Die vorurteilsbeladene Polizei hatte den armen Kerl völlig ungerechtfertigt bedrängt. Aber die keimfreie Kommissarin findet – Gott sei Dank – heraus, dass die brutalen Verbrechen schließlich auf das Konto eines Schulleiters gehen.

Wieder „Tatort“, 14 Tote im Zusammenhang mit Kindesmissbrauch. Da wird erpresst, vergewaltigt, Sektenmumpiz betrieben und hemmungslos gemordet. Und wer stellt sich hinterher als die eigentlichen Drahtzieher heraus: der Oberstaatsanwalt, ein Arzt und ein Strafverteidiger.
Da wurde mir plötzlich klar, in welch kriminellen Kreisen ich mich häufig bewege. Und ich fand, dass das nach persönlichen Konsequenzen ruft: ich habe den Anwaltstermin sausen lassen und meinen Arztbesuch abgesagt. Ich sehe nicht ein, warum ich diese potentiellen Schwerverbrecher auch noch bereichern soll. Stattdessen habe ich mir ein Six-Pack Bier von Aldi gekauft und bin zu den netten Jungs und Mädchen am Hauptbahnhof gefahren. Zuerst wollten sie mich nicht so recht akzeptieren und die Hunde haben gekläfft, aber nach dem dritten Six-Pack und einem Fläschchen Wodka vom Kiosk ging es dann. Bequeme Bänke haben die da und Blumenschmuck ringsum. Gemeinsam sind wir ein bisschen über die Kapitalistenschweine und Bullenschweine hergezogen, haben uns über die obrigkeitshörigen Passanten totgelacht, und ich habe einen Gratisjoint abgekriegt. Den anschließenden Herointrip gleich um die Ecke musste ich allerdings bezahlen, aber ablehnen ging nicht, man will ja nicht als ausländerfeindlich dastehen. Wie ich nach Hause gekommen bin, weiß ich nicht mehr so recht.
Zugegeben, am anderen Tag stellte ich fest, dass mein Portemonnaie samt Scheckkarte weg war. Mein Hemd war zerrissen und am Oberschenkel hatte ich eine Bisswunde.
Gleichwohl war es insgesamt ein netter Tag an der frischen Luft, vor allem, wenn ich bedenke, mit was für Leuten ich ansonsten zusammen bin: jenen Ärzten, Rechtsanwälten, Apothekern und

Lehrern, ja, sogar Staatsräten, die in ihren Einfamilienhäusern unter der Maske der Biedermänner scheinbar vor sich hin dümpeln und dabei ein Schwerstverbrechen nach dem anderen ausbrüten. ....
Natürlich bin ich der (von mir zwangsgesponserten ARD) dankbar, dass sie mir endlich die Augen geöffnet hat über die wahren Zustände in dieser Gesellschaft.

UND DAS RESÜMEE?
ES LEBE DAS KLISCHEE
WIE BEI DER ARD...

DIE „SCHÖNE HELENA“ KOMMT AUS NIEDERSACHSEN!

Sie ist der Inbegriff einer attraktiven Frau in der abendländischen Mythologie: die schöne Helena. Im Kino auf Großleinwand erleben wir, dass ihretwegen der Trojanische Krieg ausgebrochen ist. So mancher edle Recke wird dahingerafft, nur wegen Helena, der Ehefrau des griechischen Königs Menelaos.

Ausgangspunkt des ganzen Homer-Spektakels ist der erste überlieferte Korruptionsskandal in der europäischen Geschichte. Die griechischen Göttinnen Athene, Hera und Aphrodite stritten sich, wer die schönste von ihnen sei. (Worüber sonst?) Aphrodite versprach dem trojanischen Königssohn Paris, der als Schiedsrichter fungieren sollte, als Belohnung die schönste Frau der Welt, wenn er sie, die Göttin der Liebe, auswählen würde. Welcher halbwegs intakte Mann kann da widerstehen? (Heute werden manche Fußballschiedsrichter schon schwach, wenn man ihnen eine goldene Uhr verspricht ....)

Paris wählte also ohne Zögern Aphrodite und kriegte dafür die schöne Helena. Aber die musste natürlich erst vom heimischen Herd entführt werden. Obwohl Paris ein Halbgott war, störte ihn das nicht weiter, schließlich war er ja auch ein Halbmensch. Der gehörnte Ehemann Menelaos rief daraufhin seine ganzen Kumpels zusammen, Agamemnon, Odysseus, Achilles und die anderen und auf ging's für zehn Jahre gen Troja.

Wen soll man in einem monumentalen Film die Rolle der schönen Helena spielen lassen? Noch Goethes Faust, der deutsche Draufgänger, verliebte sich in ihr Bild und wenn er berauscht war, sah er sogar „Helenen in jedem Weibe“.

Klar, die schönste Frau der Welt kann nur jemand aus Deutschland spielen: Diane Kruger (alias Diana Heidkrüger) kommt aus Niedersachsen.
Uns deutsche Männer erstaunt das nicht. Wer wachen Auges durch Fußgängerzonen schlendert, begegnet ihnen zuhauf, jenen schönen jungen Damen, für die wir Weltreiche zugrunde gehen lassen würden. Ich bin ziemlich sicher, dass auch Mona Lisa eigentlich aus Bayern stammt und die schöne Josephine, Napoleons Frau, aus Berlin.
Und schließlich Mata Hari, jene bezaubernde Spionin, der die Politiker reihenweise zum Opfer fielen --- halt, nein, bei deren Lebenswandel wird die aus Frankreich gewesen sein....
Und so grüße ich all unsere „Helenas" in Aachen, Augsburg und Aalen, in Berlin, Bremen und Brandenburg,.... in Hannover, Hamburg und Husum, ...in Zwickau, Zweibrücken und Zerbst. Mädels, wir Männer sind stolz auf euch.

Die „Schöne Helena“ kommt aus Niedersachsen

„Schön heute, nicht???“

Unterhaltungen über das Wetter sind eigentlich ein Armutszeugnis. Eine Bankrotterklärung der mitmenschlichen Kommunikation. „Das Wetter ist aber heute sehr schön!“ wird nicht dadurch aufgewertet, dass man es mit einem bedeutungsvollen Kopfnicken zu unterstreichen versucht. Die Unterhaltung wird auch nicht intellektueller durch die Ergänzung des anderen: „Danach sah es heute Morgen aber gar nicht aus!“

Wo es doch so viele Themen gibt, mit denen man seine Anteilnahme am Leben des Anderen ausdrücken könnte:

„Guten Morgen, Frau Meier. Haben Sie ihre Schlankheitsdiät eigentlich schon wieder abgebrochen...?“

Das strahlt mitmenschliche Gefühle aus, atmet Interesse am Wohlergehen. Wenn man das dann noch durch einen mitfühlenden Blick auf die gut gefüllte Hüfte unterstreicht, zeigt das eine ganz andere Wirkung als Gewäsch übers Wetter.

In einer Welt der Nüchternheit und Kälte ist die Anteilnahme am Schicksal unserer Mitmenschen dringender denn je.

Feinfühlige Beobachtungen wie:

„Herr Schmidt, ihr letztes Toupet saß aber besser...“ zeigen aufmerksames Beobachten und ehrlichen Umgang miteinander.

Leider stoßen diese Versuche gehobener Konversation manchmal auf Unverständnis, weil sie die Mauern des Gewohnten durchbrechen.

Deshalb scheint es doch wohl in vielen Fällen angebrachter, auf gewohntem Terrain zu bleiben: „Schön heute, nicht???“

FASZINATION DEUTSCHER RIESLING

Eigentlich bin ich ein reiner Biertrinker. Meine Frau meint, das sei eine der vielen Spätschäden meiner Fußballervergangenheit. Ich stehe dazu.

Allerdings wird mir das Biertrinken, z.B. auf Schützenfesten, zunehmend verleidet. Da wird mir mit einem Rutsch so was Gelbliches in einen großen Humpen eingeplörrt. Und dann zahlt man dafür einen Preis, für den man in der Uckermark ein Reihenhaus kriegt.

So gesehen war es gar nicht schlecht, sich auch einmal mit den Genüssen des Rebensaftes vertraut gemacht zu werden. Es traf sich gut, eine Einladung zur Eröffnung eines Weinfestes zu erhalten.

Selbiges Aufwärmtrinken stand unter dem Motto „Faszination deutscher Riesling“ und ein Weingutbesitzer führte uns auf gekonnte Weise durch die diversen Weinbaugebiete.

Allein schon die Namen der Weine, die uns vorgestellt wurden, hatten was! Da hieß es nicht bloß profan „Einbecker“ oder „Paulaner“, sondern die ersten drei Weine hießen „Enkircher Herrenberg“, „Erdener Grauschiefer“ und „Obermoscheler Schlossberg“. Ein Hauch von Poesie schwebte durch den Raum und vor dem geistigen Auge zogen die zarten Bilder des romantischen Rheingaus vorbei.

Beim vierten Wein kam kurzfristig ein wenig Sehnsucht nach einem Frischgezapften bei mir auf, denn uns wurde ein „Hattenheimer Schützenhaus“ eingeschenkt. Aber diese Anwandlung war schnell verflogen, als uns dann ein „Hochheimer Kirchenstück“ in unserem niedlichen kleinen Gläschen kredenzt wurde. Hochheimer

Kirchenstück, welch beziehungsreiches Etikett. In meiner inzwischen beflügelten Phantasie tauchten selig-beseelte feiste Mönche mit roten Nasen auf, die genüsslich ein Schöppchen schlürften, die Augen plichtgemäß gen Himmel gewandt. Ich tat es ihnen gleich, wiegte anschließend meinen Kopf und bemerkte mit Kennermine: sehr vollmundig.

Dann griff ich erneut nach einem Käsehäppchen und präparierte mich so für den Höhepunkt und Abschluss unserer Tour auf der deutschen Weinstraße.

Auf dem Programm stand Auslese trocken mit dem warnenden Namen „Alsheimer Frühmesse". Trink nicht so viel, rief mir das Etikett zu, sonst weißt du morgen auf der Frühmesse nichts mehr über den Verlauf des Abends.

Aber meine fröhliche Stimmung ignorierte dieses Stoppschild und außerdem war Alzheimer falsch geschrieben.

Den Abend rundete das übliche Bild ab. Die Damen tranken nur noch Wasser, weil sie chauffieren sollten. Und so genossen denn wir Herren der Schöpfung gemeinsam zum Abschluss den „Oppenheimer Sackträger".

Der zerknirschte Weihnachtsmann.

Ich traf ihn da, wo man ihn am wenigsten erwartet: in der Kneipe. Dort saß er, der Weihnachtsmann, mit einer roten Nase, die nicht von der Kälte herrührte. Er saß auf einer Eckbank, hatte nichts im Sack und einen in der Kiste.

Ich war entgeistert und fragte besorgt und mitfühlend:

„Was bedrückt dich denn so, lieber Weihnachtsmann?"

„Weltschmerz", jammerte er, „Weltschmerz, ich habe Weltschmerz".

Er schob mir auch einen „Kümmerling" rüber. Ich legte tröstend meinen Arm auf seinen roten Samtmantel:

„He, Weihnachtmann, komm, erzähl mir. Was quält dich?"

Er fuhr auf: „Ihr Menschen macht mich zu einer Lachnummer. Ein grotesker Wunsch jagt den nächsten. Oma wünscht sich, dass überall Frieden herrschen soll. Mamma wünscht sich, dass alle Menschen glücklich sind. Und der fünfjährige Adriano-Merlin wünscht sich, dass alle Menschen auf der Welt gesund sein sollen. Warum kann der sich nicht einfach ein Schwesterchen wünschen, Mamma sich `n Kochbuch und Oma eine Flasche Doppelherz..."

Er leerte sein „Königspilsener" in einem Zug und fuhr verbittert fort:

„Ich habe keine Erfolgserlebnisse mehr. Wunsch für Wunsch muss ich abschlagen. Wie ein Versager stehe ich da."

Er tat mir leid. Und Recht hatte er.

„Höre", sagte ich, „ich mache dir einen Vorschlag. Ich äußere ein paar ganz einfache Wünsche. Und die erfüllst du mir dann zu Weihnachten, dann geht es dir und mir besser."

Er sah mich hoffnungsfroh an: „Einverstanden, fang an."

„Ich wünsche mir ein bisschen Vernunft und Augenmaß im Stadtrat."

„Geht das schon wieder los! Würde eine neue Bestuhlung es nicht auch tun?“
Ich sah die Maßlosigkeit meines Verlangens ein:
„Dann wünsch ich mir ein wenig gesunden Menschenverstand bei der städtischen Verkehrsplanung.“
„Wünsch dir, dass eine phantastische neue Stadthalle gebaut wird, das ließe sich machen.“
Der Weihnachtsmann frönte weiterhin dem Teufel Alkohol, um seinen Ärger wegzuspülen. Um ihn aufzubauen, sagte ich:
„Ich wünsche mir jetzt was ganz Einfaches. Ich wünsche mir bei Ratsentscheidungen weniger parteipolitische Scheuklappen.“
Die Tränen rannen ihm übers Gesicht, weil er mir wieder nicht helfen konnte. Gott sei Dank kam gerade der Wirt rein: „Alfred“, sagte der Weihnachtsmann, „bring mir noch mal zwei Köpi und zwei Kümmerlinge. Was wünscht du dir eigentlich von mir?“
Der Wirt überlegte kurz:
„Dass ich bei jedem Pferderennen die Dreierwette treffe...“
„Siehst Du“, sagte der Weihnachtmann triumphierend zu mir und seine Tränen versiegten, „das nenn ich ordentliche Wünsche!“

Das saß er, der zerknirschte Weihnachtsmann: Nichts im Sack und einen in der Kiste

SOMMER

Der Sommer an der schönen Somme
Ist wunderbar für jeden homme.
Bei unserm tristen Sommer hier
Da tröstet bestenfalls das Bier...

Verregnet kommt er meist daher
Wenn man im Urlaub ist am Meer.
Der Wind bläst steif von Nord-Nordwest
Und sprengt das schönste Sommerfest.

Und ist die Sonne mal zu loben
Weil sie uns gnädig scheint von oben
Dann nimmt das Unglück seinen Lauf
Denn Blitz und Donner ziehen auf.

Der Bauer muss, ob Sonn und ob Regen
Sich jeden Sommer richtig regen
Er muss das Unkraut - Ex versprühn
Damit die Allergien blühn.

Der Sommer ist an sich nicht schlecht
Nur unser deutscher taugt nicht recht
Drum möchte ich jenen Deppen sehn
Der sagt, bei uns sei Sommer schön....

ES LEBE DIE VIER.

Lasst uns über das Bildungssystem lästern, über den Niedergang der Gesellschaft und über die Zusammenhänge zwischen beidem. Lasst uns darüber lachen, denn zum Ändern ist es zu spät.
Die linken Weltverschlimmerer sind ja gegen alles, was nach Leistung riecht und in persönlichen Erfolg einmündet. Die einzig sinnvollen Leistungen sind für sie die Sozialleistungen für sich selber.
In diesem Zusammenhang sieht sich auch das Leistungssystem in der Schule permanent bösartiger Kritik ausgesetzt. Im Mittelpunkt steht dabei stets das Zensurensystem, das als Disziplinierungs- und Unterdrückungssytem angeprangert wird.
Deswegen setze ich jetzt an zu einer Ehrenrettung des Zensurensystems von „Eins" bis „Sechs" an.
Beginnen wir mit der „Eins", dem Markenzeichen der Überflieger und Strebsamen. Meistens müssen sich diese Begnadeten nicht mal besonders anstrengen.
Die, die sich anstrengen müssen, schaffen es gewöhnlich nur bis zur „Zwei". Bei der „Zwei" sammeln sich die faulen Hochbegabten und die fleißigen Normalos.
Die „Drei" heißt im offiziellen Sprachgebrauch „befriedigend", kein sehr schönes Wort mit einem Hauch von Sexualität. „Zufrieden" träfe es besser, denn beide Seiten, die Pauker und die Schüler, sind mit dem Ergebnis der Arbeit zufrieden. Nur die Eltern mosern manchmal rum, dass man, wenn man, dann hätte.....
Eltern reden mit den Sprösslingen ohnehin meistens im Konjunktiv und im Irrealis.

Die „Fünf" ist die Zensur gewordene Niederlage, die nur noch übertroffen werden kann durch das Debakel einer „Sechs". Solche Ergebnisse schmerzen ebenso sehr wie ein 0:2 gegen Holland.
Bleibt noch die „Vier"!
Die „Vier" hat den Hauch des Gerade-noch-mal-Davongekommen-seins. Besonders geadelt wird die Vier, wenn sie ohne den geringsten Einsatz in der Vorbereitung geschafft wurde. Aber auch bei intensiver Vorbereitung hat die „Vier" ihren Wert. Sie signalisiert: Du kannst es schaffen, du musst dich nur einsetzen, du kannst beim nächsten Mal sicher noch weiter aufsteigen, schließlich hast du es von der „Fünf" runter geschafft.
Nur für Strebsamen ist die „Vier" verdrießlich, was den Durchschnittsschüler eher mit Schadenfreude erfüllt.
Kurzum, unser Zensurensystem ist ein idealer Gradmesser persönlicher Leistung. Es ist Kritik und Ansporn zugleich. Erziehung zu Leistungswillen und zur Frustrationstoleranz. Lob und Tadel in einer einzigen Zahl. Und eine sanfte Einstimmung auf das Haifischbecken der Gesellschaft, das die Schüler nach ihrer Schulzeit erwartet.
In der ehemaligen DDR gab es eigentlich nur „Einsen" und „Zweien", wegen des Gleichheitsgrundsatzes. Und damit die Arbeiterkinder und die Schwächsten der Gesellschaft und die .....Bla, Bla, Bla.
Kein Wunder, dass ein Trümmerhaufen davon übrig blieb.

Vorgeschmack auf die Illustrationen (bunt) in „Kleine Geschichten über Enkel und andere Lichtblicke des Lebens.“

Sprung vom Einer

Schwägerin ist gestandene Grundschullehrerin. Sie hat handfeste Ansichten, einen bestimmenden Tonfall und hält „Freiarbeit" für Firlefanz. Wenn sie eine Klasse vier Jahre lang geführt hat, sind die Eltern dankbar für die guten Grundlagen. Und Ehemalige schreiben noch aus dem Studium Karten. Aber das Tagesgeschäft wird zunehmend schwerer. Erste Klasse. Fabian-Adrian berichtet von seinen Fortschritten im Wasserparadies. (Die Schwimmhalle heißt eben heute nicht mehr Schwimmhalle, sondern „Wasserparadies". Und die Müllkippe heißt „Entsorgungspark". Eine wirtschaftliche Pleite nennen wir „Minuswachstum." Das ist der Zug der Zeit. Je fader der Inhalt, desto fabelhafter die Namen.)

Fabian-Adrian also erzählt: „Gestern bin ich **von** Einer gesprungen".

Schwägerin, an der Rettung des untergehenden Dativs arbeitend, berichtigt: „Gestern bin ich **vom** Einer gesprungen."

„Sach ich doch, **vom Eimer**!"

Erneute Korrektur: „Adrian-Fabian, Du bist **vom Einer** gesprungen."

Der Junge nickt zustimmend und ergänzt:

„Und anschließend bin ich **von Dreier** gesprungen."

Was soll sich die an der Schulfront erprobte Pädagogin groß aufregen. Sie ist froh, wenn überhaupt noch ein paar Erstklässler ein bisschen Deutsch können. Den Kampf um den Genitiv hat sie bereits aufgegeben, wegen dem Dativ.

Das Volk der Dichter und Denker denkt immer schlichter.

Wahrscheinlich werden die deutsche Sprache und die deutsche Wohlstandsgesellschaft bald gemeinsam „**vom Eimer**" springen. Dann sind sie „**im Eimer**".

SAUBERKEIT IN DER SCHULE

Ich gehe noch zur Schule, daraus mache ich kein Hehl. Gott sei Dank stehe ich seit längerem auf der richtigen Seite: auf der Seite der Lehrer. Das bringt viele Vorteile mit sich, abgesehen von der Bezahlung. Ich kann nicht mehr hängen bleiben und weiß, was in den Klassenarbeiten dran kommt. Aber es bringt auch etliche Nachteile mit sich, zum Beispiel den immerwährenden Kampf gegen den – wie Biologen sich ausdrücken würden – natürlichen Feind: den Schüler.

Ich bin sozusagen Teil einer generationsübergreifenden Auseinandersetzung geworden. Ich spiele ein Spiel, teilweise, weil ich davon überzeugt bin, teilweise, weil ich muss. Ich spiele die vielen Rollen, manchmal verärgert, meistens belustigt. Eine der vielen Rollen heißt: Dorfsherif. Ich bin nämlich auch für die Sauberkeit zuständig, jedenfalls ist das meine Überzeugung.

Erste Stunde, ich schließe den Klassenraum auf. Die Stühle stehen in Reih und Glied, die Tafel ist sauber, die diversen Ökomülleimer sind leer.

Die Schüler quellen rein und beschweren sich lautstark „Es stinkt." Ich gebe ihnen Recht. Schule stinkt eben nun mal. Nach Schule. Weiß der Himmel, was das für ein Geruch ist. Eine Mischung aus Bohnerwachs, Angstschweiß und vergammelten Joghurtbechern.

Die Fenster werden aufgerissen.

Vier oder fünf nörgeln: „Es zieht!!" Außerdem ist es zu laut von draußen. Die Fenster werden geschlossen. Es stinkt wieder.

Zweite Stunde. Mittelstufenklasse. Erstes Butterbrotpapier ziert den Fußboden, die Tafel ist vollgekritzelt. Mit Blick darauf fragt man: „Wer hat Ordnungsdienst?"

„Das waren wir nicht!!"
Völlig unerheblich, aber Schüler achten streng auf das Verursacherprinzip. Ich bestimme einen Freiwilligen, der die Tafel abwischen muss. Er murrt. Mit Drohungen mache ich ihn gefügig. Die Atmosphäre wird langsam vergiftet. Ich beschließe, die Hausaufgaben zu verdoppeln.
Große Pause, ich habe Aufsicht. Es nieselt draußen. Kaum merklich, aber es nieselt. Ein Schülerpulk kommt auf mich zu.
„Draußen regnet es in Strömen."
Ich: „Es regnet nicht."
Beides ist gelogen. Also versuche ich meine Position durch eine formaljuristische Argumentation zu untermauern:
„Das rote Licht brennt nicht, also ist es auch keine Regenpause."
Ich schicke sie auf den Hof, obwohl ich weiß, dass es als vorsätzliche Körperverletzung ausgelegt werden kann, Schüler in diese Krater- und Pfützenlandschaft zu jagen. Zur Strafe besudeln eintausend Dreckschuhe am Ende der Pause die Flure und Klassenzimmer.
Dritte Stunde. Der Klassenraum, den ich betrete, ist ungelüftet. Schließlich regne es draußen in Strömen und es sei zu kalt, die Fenster zu öffnen, behaupten die Schüler mit ihren abgestumpften Geruchssinnen. Auf dem Boden liegen Apfelsinenschalen. In langen Dienstjahren habe ich aufgegeben, das Auftauchen von Apfelsinenschalen zu klären.
Der gelbe Mülleimer, für den die Schüler zuständig sind, quillt über.
„Bring mal bitte den Müll raus", beauftrage ich den Nächstsitzenden mit sanfter Stimme.
„Ich habe keinen Ordnungsdienst."
Ich beharre darauf:

“Mach es trotzdem.“

Er macht`s mit finsterer Miene und ich habe mir einen neuen verlässlichen Feind geschaffen.

Vierte Stunde. Oberstufe. Im Raum fehlt der Overheadprojektor, Kreide fehlt, an der Tafel liegt ein ekeliger Schwamm. Mein Adrenalinspiegel steigt.

Die Tafel ist von einem Pausenkünstler vollgekritzelt worden.

„Wer wischt die Tafel ab?“

Schweigen.

„Wisch Du dann bitte mal die Tafel ab.“

„Ich war beim letzten Mal dran.“

„Dann du!“

„Wieso ich?“

Fünfte Stunde. Sport. Eine Dunstwolke von Achselhöhlenschweiß und Fußschweiß hängt in der Turnhalle. Dichte Schwaden von Staubpartikeln wabern im Gegenlicht durch den Raum. Ich lasse die Schüler zunächst zehn Runden laufen, damit über ihre Lungen ein Reinigungsprozess für die Luft einsetzt.

Sechste Stunde. Wieder im Hauptgebäude. Die Schule bietet inzwischen ein Bild des Grauens. So in etwa muss man sich die Schlachtfelder im Dreißigjährigen Krieg vorstellen. Die Schüler verlassen nach dem Klingeln behände und ohne einen Hauch von Schuldgefühlen die Müllberge.

Aber am anderen Tag erwartet uns ein Wunder. Die Schule ist wieder sauber, fast wohnlich. Jedenfalls kurzfristig. Bis zur ersten Stunde.

Fundsache:

„Am steigenden Abfall sieht man den steigenden Abfall unseres Bildungsniveaus.“

Semestergebühren für Studenten?

Eine Frechheit!!

Die Blütenträume **meiner Generation, der Alt- 68iger**, haben diesen Staat wirtschaftlich gegen die Wand gebrettert. (Ich war von Anfang an skeptisch gegenüber diesen linken Eiferern, aber es half nichts. Sie waren in der Überzahl. Trotzdem fühle ich mich mitschuldig!) Nun erwachen wir allmählich aus deren Träumen und hocken verärgert auf einem riesigen Schuldenberg. Was tun?

Wir Verantwortlichen in Politik und Gesellschaft eilen von Verzweiflungsakt zu Verzweiflungsakt und beschließen u.a. Semestergebühren für Studenten. Was für eine schreiende Ungerechtigkeit, was für eine Groteske.

Warum fangen **wir Verantwortlichen** nicht bei uns selber an. Wir Professoren, Anwälte, Ärzte, Richter, Lehrer. Staatssekretäre und Ministerialdirigenten. Akademiker jedweder Couleur. Wir haben problemlos auf Kosten des Staates studiert, häufig mit lockeren Langzeitstudien. Wir sind seit Jahren in Amt und Würden, haben gutes Geld verdient und solide Versorgungsansprüche. Und haben dabei den Staat skrupellos in eine Schuldenfalle manövriert – und wollen die Jugendlichen dafür blechen lassen?

Warum tragen **wir Verantwortlichen** nicht einen Teil dieser moralischen und tatsächlichen Schulden ab??

Stattdessen laden wir den armen 20-Jährigen von heute eine Riesenhypothek auf!!

Anschließend entlassen wir diese jungen Menschen dann in eine - ebenfalls von uns - ziemlich ruinierte Arbeitswelt!!!

Die Forderung kann doch nur lauten: Studiengebühren für die Verantwortlichen!! (Nach dem Verursacherprinzip!)

Fangen wir einfach bei den 65-Jährigen an und lassen die Studierten des gesamten Jahrganges ihre Semestergebühren nachzahlen. Und dann geht es rückwärts, ein Jahrgang nach dem anderen. Wenn wir irgendwann bei dem Jahrgang der heute 20- Jährigen angekommen sind, dann sollen – von meinetwegen – Studiengebühren bei denen erhoben werden.

P.S. Dieser Vorschlag würde mich selber 5000 € Nachzahlung kosten. Ich fände das gerecht, obwohl ich schon damals (1967 – 1972) mit den linken Steineschmeissern und Strassenschlächtern a la Joschka Fischer nichts am Hut hatte.

Fundsache

"Was mich am meisten bedrückt, ist die zunehmende Unfähigkeit der Deutschen, unterschiedliche Positionen auszuhalten, Sperriges und Schwervereinbares nebeneinander stehen zu lassen. Hier sehe ich Gefahren für die Meinungsfreiheit-sie ist zu Ende, wenn nur noch richtige Meinungen auftreten dürfen. Was ein Gemeinwesen braucht ist aber nicht einfach verordnetes korrektes Meinungsklima, sondern die argumentative Auseinandersetzung zwischen verschiedenen Positionen, die nicht von vorhinein verketzert werden dürfen."

Hans Maier (CSU), ehemaliger bayrischer Kultusminister

Dieses öffentliche Gebäude soll Symbol für den Sparwillen des Staates sein…

DER „DREIßIGJÄHRIGE (RECHTSCHREIB-) KRIEG“

Wir Germanen führen gern Glaubenskriege. Andere mögen sich um Geld oder Gelände schlagen, wir Deutschen brauchen die hohen Werte und die hohlen Worte. Prinzipienloses Kompromisseschließen kommt für uns nicht in Frage, wenn ein sauberes Alles – oder – Nichts möglich ist. Und wenn irgendwelche Leute mit Forderungen nach gesundem Menschenverstand und Augenmaß daherkommen – da muss ordentlich aufgeräumt werden.

Läuft was schief, egal was, schwups, führen wir einen neuen Glaubenskrieg. Beide Seiten versehen sich mit den höheren Weihen der absolut richtigen, „einzig wahren“ Lehre --- und dann werden die Messer gewetzt !!

Gegenwärtig führen wir einen Rechtschreibkrieg.

Die offenen Feindseligkeiten begannen mit dem Frankfurter Fenstersturz. Redakteure der Frankfurter Allgemeinen Zeitung warfen nach einer erregten Diskussion zwei Abgesandte der Kultusminister-Konferenz aus dem Fenster des Verlagshauses. Zweiter Stock. Gott sei Dank fielen diese auf eben jenen Misthaufen, den sie selber angerichtet hatten. Sie überlebten. Unglücklicherweise oder glücklicher Weise?

Der Konflikt eskalierte.

Die Anhänger der Reform(ation) rotteten sich zusammen. Sie nannten sich die „Weißen“, weil in dieser Koalition in erster Linie Politiker vertreten waren, die ihre Hände in Unschuld wuschen und deshalb meinten, „weiß“ habe eine angemessene Symbolhaftigkeit.

Und man war sich gewiss, dass man „weiß“ und nicht „weiss“ schreiben durfte, und das sei der Weisheit letzter Schluss.
Auf der anderen Seite formierten sich die „Schwarzen“, die rechtgläubigen Anhänger der alttestamentarischen Lehre. Jene, an deren Händen Druckerschwärze klebte. Allen voran die Frankfurter Allgemeine Zeitung, sonst nach allen Seiten so sehr offen, dass es ständig zieht. Diese Fürsprecher der alten Schreibweise sahen schwarz für die Entwicklung des deutschen Schriftgutes und riefen zu einem leidenschaftlichen Verteidigungskampf auf.
Als die offenen Kampfhandlungen begannen, konnten erstaunlicherweise die „Schwarzen“ Boden gut machen (oder gutmachen?). Die Münchner Bastion der „Süddeutschen Zeitung“ wurde kampflos eingenommen, bald darauf allerdings ohne Aufsehen wieder von den Weißen zurückgewonnen. Gleichzeitig ergab sich der „SPIEGEL“. „Ohne Not“, schimpften die einen, „Bravo“ riefen die anderen – und beide Seiten sannen über die Wiedereinführung einer humanen Lynchjustiz nach.
Die Schlacht wogte hin und her. Nahezu tagtäglich wurde die bei uns Deutschen so beliebte Kehrtwende (ohne Gewissensbisse!) vollzogen, da man ohnehin gewohnt war, nur in den Kategorien „schwarz“ und „weiß“ zu denken. Dies hielt man für „Denken“.
Die Zahl der Mitstreiter wuchs. Autoren und Autorennen, LehrerInnen und Leerer, Verleger und Verlegene, alle wollten der deutschen Rechtschreibung in die Seite treten. Die „Weißen“, die den ökonomischen Unsinn der Umstellung zu verantworten hatten, erhielten Zulauf von jenen, die vor dem ökonomischen Unsinn einer Umstellung warnten.

Die „Schwarzen“ erhielten unerwartete Unterstützung durch Landesfürsten, die die undurchsichtige Situation zu einer gekonnten Eigenprofilierung nutzen wollten. (Es macht sich immer gut, sehr irdische Motive mit den Weihen einer Verteidigung des rechten Glaubens zu verbrämen.)
Inzwischen wurden bedenkenlos schwere Waffen eingesetzt. Es hatte sich ohnehin eingebürgert, den Andersdenkenden mit Begriffen wie: „obszön“, „abartig“ oder „unanständig“ zu bedenken. Die sogenannte „politische Elite“ (oder ist es nur eine „so genannte“?) tat sich bei dem Gebrauch denunziatorischer Gefühlskategorien besonders hervor. Die Hemmungslosigkeit im Umgang mit dem Gegner führte zwangsläufig zu einer Eskalation der Gemeinheiten. Wie die Pest breitete sich die öffentliche Niedertracht aus.
Einzig die fortschreitende Analphabetisierung durch Menschen mit Migrationshintergrund lockerte die Frontlinien ein wenig auf. Mit diesem Prozess, frohlockten die vermeintlich Fortschrittlichen, würden auch die durch die Existenz einer deutschen Schriftsprache bestehenden sozialen Schranken endlich beseitigt.
Nach dreißigjährigen schweren und erbitterten Kämpfen lag Deutschland ermattet danieder, in den Status eines „Dritte Welt-Landes“ zurückgefallen. Dann erst wurde im „Westfälischen Frieden“ eine Lösung des Problems gefunden: eine für alle verbindliche Schriftsprache wurde beschlossen, die deutsche wurde durch die türkische ersetzt.

„DU SOLLST DIE NACKTSCHNECKE LIEBEN."

Die Phalanx der international anerkannten Größen Deutschlands ist seit kurzem erweitert worden: die „Kooperation mit der Natur" aus Hönnersum in der Hildesheimer Börde räumt auf mit den Vorurteilen über die Feindseligkeit von Mücken, Kartoffelkäfern und Nacktschnecken. Man müsse mit den Tierchen nur ein wenig reden und ihnen Liebe entgegenbringen, dann würden sie uns nicht nur in Ruhe lassen, sondern uns mit Respekt und Hochachtung begegnen.

Wie bei allen Großtaten der Menschheit fragt man sich hinterher, wieso man da nicht von selber draufgekommen ist. Stattdessen haben wir harmlose Bremsen, die in der Badeanstalt lediglich um Blutsbrüderschaft mit uns nachgesucht haben, gnadenlos ausgebremst. Gegen Mücken, die uns nachts an unserem Ohr schlicht ein Ständchen bringen wollten, haben wir wahre Vernichtungskriege vom Zaun gebrochen, erfolglose noch dazu. Spinnen waren wir spinnefeind. Und den netten Schnecken haben wir einen Schneckenkorn eingeschenkt.

Dazu unser grausames Vokabular: „Schädlinge" haben wir die possierlichen Zeitgenossen genannt statt von „Helfertieren" – wie die Tierfreunde aus Hönnersum empfehlen - zu reden; und von „Schädlingsbekämpfungsmittel" haben wir gefaselt, statt es „Sterbehilfe für Helfertiere" zu nennen.

Damit ist jetzt Schluss. Endlich. „Liebevolle Worte, gar Gedanken" kämen bei den Schnecken gut an, empfehlen uns die „Schneckenflüsterer" aus der Hildesheimer Börde. Sogar bei „Pastor

Fliege“ war der Anführer schon, was ja auch kein Wunder ist bei Leuten, die keiner Fliege was zuleide tun können.
Also habe auch ich angefangen umzudenken und neues Gebot der Gartenpflege ausgegeben: „Du sollst die Nacktschnecken lieben.“ So braun gebrannt, schlank und nackicht, wie die nun mal sind, werden sie weiblichen Geschlechts sein, denke ich mir. Schließlich heißt es ja auch „die“ Schnecke.
„Hört mal zu, Mädels“, habe ich also gestern Morgen zu den sieben knackigen Helfertieren gesagt, die sich gerade wieder in Richtung Salat aufmachten, „geht mal heute zum Frühstück rüber zu Nachbar Dieter. Aber zieht Euch vorher was Vernünftiges an, der ist so prüde.“
Eine der zierlichen Schneckinnen hob den Kopf, nickte kurz und dann machten alle kehrt in Richtung Nachbarsgarten. Na, also, es geht doch. Ich war beglückt. Auf dem Weg zurück ins Haus unterhielt ich mich noch eben mal mit zwei Wespen: sie mögen bitte ihre nachmittäglichen Angriffe auf meinen Zwetschgenkuchen unterlassen, wenn wir weiter Freunde bleiben wollen.
Der weitere Verlauf des Tages entsprach allerdings nicht so ganz meinen Erwartungen. Pünktlich zum Kaffee kamen die beiden Wespen wieder und brachten noch fünf Kumpels mit. Gegen Abend stellte ich fest, dass mein Salat entgegen unserer Verabredung wieder vernichtet war. Vermutlich hatte Dieter die nackten Mädels kalt lächelnd zurückgeschickt.
„Euch werde ich helfen“, sprach ich grimmig zu den Helfertierchen. Und gab wieder eine Runde Schneckenkorn aus.

Herbst

Es naht der Herbst mit feuchtem Schritt
Und bringt die Kälte auch gleich mit.
Die Tage werden kurz und trübe,
Auf Straßen liegt der Dreck der Rübe.

Man muss das Laub zusammenfegen
Und kriegt vom Harken schwere Schwielen;
Man steht beim Fußballspiel im Regen
Und kann nicht nach dem Golf-Ball zielen.

Man kann nicht mehr durch Wiesen laufen
Und muss sich Winterreifen kaufen;
Man kann nicht mehr im Garten sitzen
Und auf den Straßen spritzen Pfützen.

Die Winde pfeifen durch die Ritzen,
Das Blumenbeet wird welk und scheckig,
Man muss jetzt bibbern statt zu schwitzen,
Beim Wandern werd'n die Schuhe dreckig.

Von Bäumen fallen bunte Blätter,
Es liegt an diesem miesen Wetter!
Da möcht' ich jene Seele seh'n
Der frech behauptet: Herbst ist schön....

Die Welt ist schlecht.
Wie wär's deswegen zwischendurch mal mit einem Kurzkrimi?

ALLES WEGEN DES JUBELMÄUSCHENS

Sie stiegen den steilen Weg an der Kliffkante hoch. Langsam, fast behäbig. Sie ging voran, er keuchte. ‚Das Alter', dachte er selbstironisch, ‚die Zeit wird wirklich langsam knapp.'
Er zwei Schritte hinter ihr. Er sah seiner Frau auf den Hintern und bewunderte wie früher ihren fast tänzerischen, wippenden Gang. ‚Wenigstens ihre Figur hat in den 22 Jahren unserer Ehe nicht gelitten', gestand er sich ein. ‚Eigentlich müsste ich froh sein, schließlich habe ich sie wegen ihrer Figur und wegen ihres Geldes geheiratet.
Aber es nützt nichts, heute bringe ich sie um.'
Er dachte an sein Jubelmäuschen. Er nannte sie Jubelmäuschen, weil sie immer so frenetisch jubeln konnte, wenn er ihr ein Silberkettchen oder ein Goldringlein geschenkt hatte.
‚Ob sie wohl auch so jubeln wird, wenn wir erst mal zusammen im Bett sind?'
Er schaute auf das Meer hinunter. Die Wellen waren von weißen Schaumkronen besetzt, schoben sich ineinander und übereinander und klatschten schließlich unten gegen die Felsen. Zwei einsame Möwen ließen sich im Wind treiben.
‚Welch eine Idylle. Wenn ich hier erst einmal mit dem Jubelmäuschen langwandere...'

Er keuchte. Aber gleichzeitig schien sich fast so etwas wie eine Hochstimmung bei ihm einzustellen. Die Aussicht, sich demnächst frei entfalten zu können beflügelte seine Sinne.
Er hatte zu ihr aufgeschlossen. Sie redete. Erzählte von ihrer Freundin Lisa, wer immer das war. Lisa sei mit dem Bus nach Spanien gefahren.
‚Ich könnte sie auch von einen Bus schubsen', dachte er, ‚gar keine schlechte Idee. Demnächst, wenn wir wieder mal in Hamburg sind. Oder vor die U-Bahn. Ach nein, da haben sie so viele Überwachungskameras.
Ich werde bei meinem alten Plan bleiben. Ich werde sie ersticken, gleich nachher. Mit dem Kissen. Brutus hatte ihm versichert, das hinterlasse keine Spuren.'
Brutus war seit der Schulzeit sein Freund. Inzwischen Arzt im Nachbarort. Wieso Brutus zu seinem Spitznamen gekommen war, wusste er nicht mehr. Aber Brutus hatte ihn seit der Schulzeit. Sie waren schließlich eine Lateinklasse gewesen.
Brutus hatte sich spontan bereit erklärt, anschließend den Totenschein auszufüllen. Herzinfarkt. Schließlich wusste jeder, dass sie kränkelte. Und es am Herzen hatte.
Ein überzeugender Freundschaftsbeweis. Es war immer gut, einen Arzt zum Freund zu haben.
Von ihrem Geld hatte er die Firma aufgebaut, das ist wahr. Aber es war inzwischen seine Firma. Abgesehen von unbedeutenden Aktienpaketen. Ihr geplantes Hinscheiden war lediglich ein persönlicher Befreiungsschlag, wirtschaftlich war er nicht nötig. Für den Fall, dass ihm selbst etwas zustoßen würde, hatte er Brutus als Verwalter seines Vermögens eingesetzt. Auf diese Weise könne die

Versorgung des Jubelmäuschens auf alle Fälle sichergestellt werden, hatte Brutus gemeint. Eine gute Idee.
Sie hatten vorhin noch gut gegessen, vor dem Spaziergang. In ihrem kleinen Wochenendhaus ein paar Meter landeinwärts. Seine Frau hatte gekocht, sie war eine gute Köchin. Er hatte sich ungewöhnlich müde gefühlt nach der Mahlzeit. Frische Luft täte gut, hatte sie gemeint.
Sie näherten sich dem Aussichtspunkt. Die vor ihm liegende Parkbank erschien ihm wie eine Erlösung, er schleppte sich die letzten Meter an ihrer Seite nur so dahin, aber er wollte sich nichts anmerken lassen.
Dann saßen sie beide auf der Bank und sahen auf das offene Meer hinaus. Er lehnte seinen Kopf an ihre Schulter und schlief ein.

‚Hat doch bisher alles gut geklappt', dachte sie. Das Pilzgericht hatte die erhoffte und erwartete Wirkung entfaltet. Die Müdigkeit. Beim Spaziergang hatte sie ihn keuchen gehört. Die Atemnot. ‚Hoffentlich ist er wenigstens vorher noch kurz in die prognostizierte Hochstimmung verfallen. Ich gönne es ihm. Wahrscheinlich hat er dann an seine neue Flamme gedacht. Jubelmäuschen nennt er sie, sagt Brutus. 20 Jahre jünger. Dieser Mistkerl.'
Brutus hatte ihr geholfen, die Sache einzufädeln. Er hatte ihr den Tipp mit den Pilzen gegeben. Sieht aus wie Herzinfarkt. Sie hatte sich im Internet schlau gemacht. ‚Heutzutage kommt man an alles ran, wenn man nur ein bisschen Energie hat', dachte sie zufrieden.
Sie lächelte und betrachtete die Landschaft. Der Wind hatte ein wenig zugenommen und sauste in ihren Haaren. Die Gischt schlug

unter gegen die Felsen. Eine einsame Möwe zog über ihren Köpfen dahin.
Brutus hatte ihr zugesagt, dass er auf ihren Anruf warte. Dann werde er vorbeikommen und den Totenschein ausstellen. Es ist immer gut, einen Arzt zum Freund zu haben.

‚Eigentlich müsste die Zeit um sein.' Sie rührte ihren Ehemann an, er rührte sich nicht mehr. Ein Gefühl der Genugtuung überkam sie.
Sie nahm ihr Handy, um Brutus anzurufen. Er meldete sich sofort.
„Schatz", sagte sie, „es ist vollbracht."
„Ich komme sofort und bringe den Totenschein gleich mit."
In wenigen Minuten müsste er da sein. Er wird mit dem Wagen dort hinten parken. Schade, dass der Parkplatz von hier oben nicht einsehbar ist. Aber von dort bis hierher sind es ja nur ein paar Schritte. Sie stellte sich vor, wie sie ihren geliebten Brutus in die Arme schließen würde und lächelte.
Ich werde die letzten Minuten an der Seite meines leider durch einen Herzinfarkt so tragisch dahingeschiedenen braven Ehemannes verbringen.
Sie blickte aufs Meer. Es war stürmisch geworden. Die Möwe war verschwunden. Der Kopf ihres Mannes lag an ihrer Schulter.
Den beiden Polizisten, die sich Minuten später von hinten näherten, bot sich ein idyllisches Bild. Im Gegenlicht der Sonne sahen sie auf der Parkbank zwei Personen sitzen, die wie ein trautes Liebepaar aussahen.
Sie drehte sich um. Der Kopf ihres Ehegatten rutschte an ihrem Rücken lang und prallte auf die Lehne. Es gab einen dumpfen Ton.

Sie schaute verständnislos die beiden Polizisten an. Wie in Trance nahm sie die Worte wahr: „Ich verhafte Sie wegen des dringenden Verdachtes, Ihren Mann umgebracht zu haben.“
Hinter den beiden Polizisten sah sie Brutus. An der Hand hatte er eine junge Frau und durch den Schleier ihrer Tränen erkannte sie das Jubelmäuschen.

Winter

Der Winter weilt mit dunklen Wochen,
Es zieht an Ecken und in Knochen.
Kaum wird es hell, wird's duster wieder ,
Das Graue drückt die Seele nieder.

Gesichter werden blass und käsig,
Gelenke werden steif und bräsig,
Und statt gemütlich Tee zu nippen,
Muss man den Schnee vom Gehsteig schippen.

Der Frost ein Loch in Straßen frisst
Und Bundesliga - Pause ist.
Man muss die Autoscheiben kratzen,
Und draußen friern die armen Spatzen.

Zu Weihnachten nimmt Santa Claus
Familienväter richtig aus,
Und Karneval entlarvt, es sei
Die Politik nur Narretei.

Nach oben schnellt der Stromverbrauch,
der Preis für Gas und Öl tut's auch,
Da möchte ich jenen Wirrkopf seh'n,
Der sagt, er findet Winter schön.

Die PVR

Die Partei der Vernunft und der Rechtschaffenheit

Mal ehrlich, sie haben angefangen, diese Geschichte zu lesen, weil Sie sich verblüfft gefragt haben: „Nanu, welche Partei soll denn das sein? Eine Partei der Vernunft und der Rechtschaffenheit gibt es doch gar nicht.“

Und ein bisschen Hoffnung hat Sie auch getrieben, als Sie diese Überschrift gelesen haben! Die Hoffnung, dass es sie vielleicht doch gäbe, die Partei, in der es vernünftig und rechtschaffen zugeht. Ich muss Sie leider enttäuschen, es gibt diese Partei nicht, so sehr wir sie uns auch wünschen.

Also wird es Zeit, dass wir sie gründen. Jawohl, lasst uns eine Partei der Rechtschaffenheit und der Vernunft gründen. Alle dürfen beitreten, die sich diesen beiden Werten verbunden fühlen. Vielleicht gibt es in den etablierten Parteien auch den ein oder anderen, für den diese Werte Vorrang haben vor Parteidisziplin und Fraktionszwang. Rechtschaffene Freunde der Vernunft, Ihr seid herzlich willkommen.

Unsere „Partei“ braucht kein Programm. Worthülsenakrobatik ist selten rechtschaffen. Wir lieben das klare Wort. Lauterkeit kommt nicht von laut. Der Wust von leeren Worthülsen ist etwas Unvernünftiges.

Wir brauchen auch keinen politischen Gegner. Etablierte Parteien brauchen einen Gegner, den sie beschimpfen und verunglimpfen können. Gegner machen die eigenen Reihen geschlossener.

Wir wollen uns mit einem Sachproblem auseinandersetzen, unvoreingenommen Fakten sammeln und eine Entscheidung treffen, mehrheitlich. Und dann wird diese Entscheidung durchgesetzt, weil wir sie in der Mehrheit für vernünftig gehalten haben. Und da wir alle rechtschaffene Leute sind, hat uns bei unserer Entscheidung nicht Eigeninteresse geleitet oder ideologische Voreingenommenheit, sondern das Wohl der größtmöglichen Zahl.

Sie müssen zugeben: Was für eine unglaubliche Vision: rechtschaffene Leute treffen vernünftige Entscheidungen und setzen diese dann auch durch.

Also: Fangen wir an, bevor es zu spät ist. Vielleicht ist dieses Land ja noch nicht ganz verloren.

Erinnern Sie sich? So hatte es damals angefangen 2010. Binnen kurzem war eine Welle der Begeisterung durch das Land gefegt. Es gab mehr rechtschaffene und vernünftige Leute in diesem Land als man zu hoffen gewagt hatte.

Heute, 2020, geht es dem Gemeinwohl wieder wohl. Wohlstand und Wohlfühlen gehen einher.

Bei diesem Gedanken muss ich wohl aufgewacht sein. Ich habe mich wieder auf die andere Seite gedreht und wohlig weitergeträumt.

Eines der Grundübel dieses Staates ist der Schuldenberg, den meine Generation angehäuft hat. Allein die kleine Kommune von nicht mehr als 100 000 Einwohnern, in der ich fast 40 Jahre gearbeitet habe, macht zurzeit jeden Tag über 30.000 € neue(!) Schulden. Über 300 Millionen hat sie schon….

DIE SCHULDENFALLE

Großer Familienrat bei der Familie Meier. Vater Meier verkündet: „Wir müssen sparen. Wir geben mehr aus als ich verdiene...!"
„Das mag zwar sein", sagt der Sohn, „aber meine neue Mofa will ich trotzdem haben."
Mutter Meier beteuert, in ihrem „Etat" könne man erst recht nicht sparen, wolle man die Familie nicht dem Hungertode überantworten. Die Tochter hat sich ob des Ansinnens, dass sie ihren Lanzaroteurlaub mit ihrem neuen Freund nicht kriegen soll, in den Schmollwinkel zurückgezogen, was den Vater besonders trifft. Schwere gegenseitige Vorwürfe folgen. Schließlich gibt Vater Meier nach, warmherzig und mitfühlend, wie er nun mal ist. Im Übrigen ist auch er nicht bereit, auf seinen neuen Porsche zu verzichten. So beschließt Familie Meier eine weitere Kreditaufnahme. Ein Jahr später ist die Familie endgültig ruiniert und Vater Meier sitzt im Knast.....
Es sei denn....
Es sei denn, es gelingt Herrn Meier vorher, sich in die Politik abzusetzen. Da ist seine Haltung gefragt:
Das Ignorieren von finanziellen Notwendigkeiten, denn man möchte bei seinen Familienmitgliedern, sprich: Wählern, beliebt sein.

Das Akzeptieren egoistischer Interessen , statt sie mit Rückgrat zu bekämpfen und einzelne Lasten des leckgeschlagenen Bootes über Bord zu werfen, um den Untergang des gesamten Bootes zu verhindern.

Die Schuldzuweisung an andere, das „Schwarzer – Peter- Spiel“.

Das Fordern von Opfern, während man sich selbst genüsslich bedient.

Das Lamentieren anstelle des Handelns. Entscheidungen werden vor sich hergeschoben, wohl wissend, dass man die Lage immer mehr verschlimmert.

Was sich Herr Meier dann noch zulegen müsste, wäre eine von menschlicher Gutherzigkeit, selbstlosem Engagement und von eindrucksvoller Parteinahme für die Schwachen getragene Sprache. Das ist im Bereich der Politik sehr wichtig und auch so schön einfach, weil es persönlich folgenlos bleibt. Besonders bevorzugt werden die Worthülsen „Bürgernähe“, „zukunftsfähig“ „nachhaltig“ und „... nicht auf Kosten der Schwachen der Gesellschaft...!“

Der – abzusehende - Zusammenbruch der öffentlichen Finanzen unterscheidet sich von den Verhältnissen in unserer Familie Meier. Herr Meier wird für sein verantwortungsloses Handeln zur Rechenschaft gezogen werden. Wer aber zieht die zur Rechenschaft, die den öffentlichen Bankrott verschulden????

Dieser Schaden wird nicht von jenen ausgebadet werden, die den Schaden angerichtet haben, das ist das Ärgerliche an der Entwicklung. Die Schadenausbader werden die nachfolgenden Generationen sein.

Das macht Schuldenmachen ja so bequem, weil man das Schuldentilgen kaltschnäuzig den Nachkommen überlassen kann.... Wehe, ein braverer Familienvater als Herr Meier würde auf diese

Weise den Bau seines kleinen Eigenheimes kalkulieren! Er würde unweigerlich die Familie ruinieren, das diszipliniert ihn. Warum dürfen Politiker so problemlos den Staatshaushalt ruinieren??

"Is that the Zugspitze of Germany?"
"No, Sir, that is the Schuldenberg of Germany!"

Glaubt man den Medien, so sind in den letzten Jahren über fünf Millionen Menschen unter die Armutsgrenze geschubst worden. Es spricht wenig dafür, dass sich dieser Trend umkehrt. Hält man das systemimmanente Gemauschel um Diätenerhöhungen und Altersbezüge von Ex-Abgeordneten dagegen, so lässt sich eine gewisse Gerechtigkeitslücke nicht übersehen.

Fundsache:

„Sinnvolle Moral und sinnvolles Recht dient dem Gemeinwohl. ….Wenn Einzelne aber dagegen verstoßen, können sie daraus einen enormen Individualnutzen ziehen freilich zum Schaden anderer und des Ganzen.

Bernhard Verbeek, „Die Wurzeln der Kriege“, S. 35

Wie wär`s mal mit einer Diät, Herr Abgeordneter?

"Bundesarbeitsminister Olaf Scholz überraschte kürzlich mit einem Plan gegen die wachsende Armut: Jeder Deutsche, fordert Scholz, solle einen verbrieften Rechtsanspruch auf einen Hauptschulabschluss bekommen."
Kommentar des Leitartiklers dazu: "der Ansatz ist gut...."
(Hannoversche Allgemeine Zeitung,13. Juni 2008)
Nach Auskunft der Bild- Zeitung vom 8.11.2003 haben wir in der Bundesrepublik schon 4(!) Millionen Analphabeten. Es ist davon auszugehen, dass sich daran in der Zwischenzeit nicht viel geändert hat.
Als Ausgleich erhalten die jetzt alle den Hauptschulabschluss.....

Den Verfall unseres Bildungsanspruches habe ich bereits in meinem ersten Buch angeprangert:

Auszug aus: "Michel schlägt zurück"

ISBN 3-00-011725-3 , S. 119 ff.

Antjes Schulzeit : Der endgültige Ruin des Bildungssystem

„Antje Müller - Wendehals war im August 2006 in den 12. Jahrgang einer Gesamtschule gekommen und steuerte nun auf das Abitur zu. Nach dem ersten Schock durch die katastrophalen Ergebnisse der Pisa Studie in den Jahren 2001/2002 war es zu einem Umdenken in der Bildungspolitik gekommen. In den SPD – geführten Ländern waren flächendeckend Gesamtschulen eingeführt worden, weil man sich davon – nach dem Vorbild Finnlands – die Heilung aller Probleme versprach. Zudem wurden ständig neue Organisationsformen im Schulleben eingeführt, bei denen keiner mehr wusste, was diese eigentlich wollten. Neben die verlässliche Grundschule, die volle Halbtagsschule und die kooperative Gesamtschule traten das kooperative Gymnasium mit Turbozweig, die unzuverlässige Förderstufe mit Ganztagsbetreuung, die ganze Realschule und die ganz kaputte Hauptschule mit Hausaufgabenbetreuung. Die auf diese Weise eingetretene Begriffsverwirrung rief bei den Eltern eine große Orientierungslosigkeit hervor, hatte aber auch ungeahnte und gewollte Vorteile. Kein Mensch blickte mehr richtig durch und die schwerwiegenden Mängel des Systems wurden durch den organisatorischen Wirrwarr verschleiert.

Die Anzahl der Schüler in den Klassen wurde immer höher, die Lehrer wurden immer älter, die bürokratische Erbsenzählerei erreichte gigantische Formen. Der Verwaltungsapparat des Bildungswesens, der im Wesentlichen dazu diente, Parteifunktionären höher dotierte Posten zur Verfügung zu stellen, wurde weiter aufgebläht. Statt völlig überflüssige Verwaltungsinstanzen aufzulösen und diese frischen Kräfte, die sich jahrelang in der Etappe hatten ausruhen dürfen, der einbrechenden Schulfront zuzuführen, wurde neue funktionslose und teure Bürokratieverwalter geschaffen. Und da diese Leute eine Bestätigung für die Notwendigkeit ihres Tuns brauchten, erschwerten sie mit kleinkarierten Albernheiten den ohnehin leidgeprüften Lehrern vor Ort das Leben.

Die deutsche Rechtschreibung nahm derweil immer mehr den Charakter des Beliebigen an. Aufgrund der verschiedenen

Rechtschreibungen in den drei großen Lexiken: Duden, Bertelsmann und Brockhaus konnte die Rechtschreibung in den Schulen nicht mehr benotet werden. Daz hate zua Volge, das die Schprache als verstentikungsmitl ima mea zeavil. Dieser Vorgang wurde begleitet vom Jubel der „fortschrittlichen“ Pädagogik, weil endlich die Sprachbarrieren der sozial Benachteiligten niedergerissen würden und die Chancengleichheit Einzug in die Klassenzimmer hielte. Da es seit langem verdächtig war, wenn man behauptete, ein guter Deutscher zu sein, so war es nur folgerichtig, dass man auch die Forderung rückwärtsgewandter Studienräte nach „gutem Deutsch“ für eine ausländerfeindliche Aktion hielt.

Das von der pädagogischen Avantgarde angeprangerte Elend der spätbürgerlichen Pädagogik war beendet. An die Stelle trat das Elend der um ihre Lebenschancen betrogenen jungen Menschen. Die Globalisierung nahm schließlich keine Rücksicht auf die Wunschträume von Schwärmern, die meinten, mit einer Zeugnisnote gehe die Zerstörung von Kinderseelen einher.

Bis 2009 hatte Deutschland – zumindest was die Zahl der Abiturienten anging - allerdings wieder die Spitze im internationalen Vergleich erklommen. Es machten stolze 81 % eines Jahrganges Abitur. Bei den Leistungsanforderungen war es freilich – so der offizielle Sprachgebrauch - zu einer „kreativen Differenzierung des Leistungsniveaus“ gekommen. In Englisch hatte man bestanden, wenn es einem gelang, fünf unregelmäßige Verben aufzusagen. In Deutsch musste man einen Aufsatz schreiben: „Mein schönstes Ferienerlebnis“ und in Mathe war das fehlerlose Zählen bis 100 die Hürde. In den anderen Fächern reichte es, wenn man teilweise am Unterricht teilgenommen hatte und ab und zu an der richtigen Stelle

genickt hatte. Ein weiterer Vorteil dieses Systems war, dass man das Lehramtsstudium auf ein Fachsemester und fünf Pädagogiksemester verkürzen konnte. Auch die diskriminierenden Schranken zwischen Grund – und Hauptschullehrern, Realschullehrern und Gymnasiallehrern fielen dadurch weg.
Ein kleiner Nachteil war allerdings, dass man - außer in Deutschland - nur noch in Pjöng – jang mit dem deutschen Reifezeugnis studieren konnte. Auch in Bayern und in Baden- Württemberg wurden die Abiturzeugnisse der übrigen Bundesländer nicht mehr anerkannt.
Antje galt in ihrem 12.Jahrgang als absoluter „Überflieger“. Sie konnte englische Texte fließend lesen, beherrschte in Französisch die Aussprache und konnte Dreisatzaufgaben lösen.
In den Hauptschulen war der normale Unterricht inzwischen ganz eingestellt worden. Die Behandlung der Schüler hatten Sozialarbeiter und Diplompsychologen übernommen. Projektwochen mit Themen wie: „Ethnisches Stricken“ oder „Wie bastele ich mir ein Kondom“ bestimmten den Schulalltag. Der wesentliche Teil des Vormittags bestand aus Konfliktberatung. Warming- ups, szenische Spiele und der Aufbau von Schülergruppen zu Standbildern schufen eine entspannte und freundliche Atmosphäre. Zwar waren die armen Kids am Ende ihrer Laufbahn komplette Idioten, aber sie waren spontan und ausgeglichen. Sie fanden keine Arbeit, weil sie weder lesen noch schreiben noch rechnen konnten, aber sie reagierten in Konfliktsituationen überaus besonnen.
Mit der schleichenden Vernichtung des Bildungsstandortes Bundesrepublik Deutschland ging logischerweise die Vernichtung des Wohlstandes einher. Jahrelang hatte die Politiker aller Parteien so getan, als sei es ein Naturgesetz, dass die Bundesrepublik zu den

reichsten Ländern der Erde zähle. Entsprechend sorglos hatte man seit den siebziger Jahren des 20. Jahrhunderts sämtliche Stoppschilder überfahren und die Bedingungen des Wohlstandes ruiniert. Als freilich Deutschland im Jahre 2009 auf den Bildungsstand von Pakistan zurückgefallen war, wunderte man sich, dass wir uns allmählich auch mit dem Lebensstandard von Pakistan anzufreunden hatten.

Bildungslandschaft nach dem Ende der „Schulreformen"

Kleine Geschichten über Enkel

und andere Lichtblicke des Lebens

ISBN: 978-3-9810380-1-9
(erscheint spätestens Anfang 2009, Vorbestellungen möglich unter www.hildesheimer-literaturverlag.de)

Memory

Ich spiele mit meinem Enkel Ole Memory. Ole gewinnt immer. Ole ist fast 5, ich bin fast sechzig. Irgendwie klingt selbst das „fast" bei ihm anders als bei mir. Bei ihm klingt das „Fast-fünf" nach „endlich bald sechs" und „endlich zur Schule" und „endlich Roller-Blades". Das „Fast-fünf" klingt nach Hoffnung und nach Zukunft. Bei mir klingt das „Fast-sechzig" nach „bald Rentner", nach „bald siebzig" und nach Arthritis. Es klingt nach Resignation und Mitleid.
Glaubt man den modernen Erkenntnissen der Wissenschaft, könnte Ole mal 100 Jahre alt werden. Ich bin noch nicht einmal sechzig und habe überall Zipperlein. Ständig kommt irgendwas Neues dazu und nichts geht mehr weg. Neidisch gucke ich Ole aus den Augenwinkeln an. Er ist gesund und munter, hat klare, helle Augen, kann gut hören und hat noch alle Haare. Er besitzt vier Bälle, ich hatte in seinem Alter einen aus zusammengebundenen Lumpen. Er hat zwei Brüder, ich hatte nur eine Schwester. Und er beherrscht durch den Kindergarten einen Strauß von Schimpfwörtern, die ich selbst bei meiner Konfirmation nicht zu flüstern wagte.

Schlimmer noch ist, dass Ole beim Memory immer gewinnt. Gerade will ich wieder eine Karte ziehen, da sagt er vorwurfsvoll: „Opa, das ist die falsche“
und er grinst dabei verschmitzt. Der will mich nur verunsichern, denke ich, aber meine Hand zuckt trotzdem zurück. Der will, wenn ich mich für eine andere Karte entscheide, diese richtige Karte selber nehmen. So weit kommt das noch, dass ich mir bei meiner fast sechzigjährigen Lebenserfahrung von so einem Pöx sagen lasse, welche Karte ich nehmen soll. Ich lächele siegessicher zurück und ziehe die Karte – es ist die falsche. „Habe ich doch gesagt“, sagt Ole.

Während Ole in der Folgezeit fortwährend richtige Karten aufnimmt und mir jedesmal einen triumphierenden Blick zuwirft, kommen bei mir die Erinnerungen hoch, schließlich heißt das Spiel „Memory“. Ich sehe mich als fast Fünfjährigen auf dem Dorfe, ohne fließend Wasser, ohne Bälle und ohne „Sendung mit der Maus“.
Ich sehe Ole unverhohlen missgünstig in die Augen.
„Du bist dran, Opa.“ Ich habe wieder nicht aufgepasst. Das ist freilich nicht weiter schlimm und verschafft mir ein sicheres Alibi für mein Versagen. Denn wenn ich aufpasse, kann ich mir nichts mehr merken und die Blamage ist viel größer.

Aber irgendwie habe ich mich an Ole schon gerächt. Ich hinterlasse ihm sein Vaterland in einem Zustand, dass er noch häufig an mich denken wird : ein krankes Gesundheitssystem, leere Staatskassen und leere Schülergehirne, einen am Boden liegenden Wirtschaftsstandort, kurzum, eine aufgeklärte Gesellschaft, die anscheinend den Verstand verloren hat.

Das geschieht Dir recht, Ole, denke ich, warum musst Du mich beim Memory auch immer so erniedrigen. Schadenfroh grinse ich ihn an, und er weiß natürlich nicht, weshalb. Schließlich ist mein Häufchen gewonnener Karten wieder peinlich klein.

Später mal, wenn Ole dereinst erkennen wird, welches Desaster ich und meine Generation ihm hinterlassen haben, wird er sich an mich erinnern. Und dann wird er sagen, kein Wunder, der Opa konnte ja noch nicht mal richtig Memory spielen.

Vorgeschmack auf die Illustrationen (bunt) in „Kleine Geschichten über Enkel und andere Lichtblicke des Lebens."

SCHARFE PUPPEN

Lenny ist mein Enkel. Lenny ist fünf und hat offensichtlich intakte Gene. Intakte männliche Gene.

Zu Ostern hatte meine Angetraute das traute Heim in ein wahres Feuerwerk aus Festtagsschmuck und Frühlingblumen verwandelt. Nun sollte als erster Enkel Lenny zu dieser gelungenen Komposition sein Urteil abgeben. Stolz wurde er von Oma in die gute Stube geführt und ihm eine Frage gestellt, seit Jahrhunderten die Nr. 1 in der Hitliste der Frauenfragen: „Fällt dir nichts auf?“ Lenny ließ seinen ererbten Tunnelblick schweifen und seine Blicke hefteten sich schließlich auf Oma: „Ja, Du bist ne scharfe Puppe.“ Drehte sich zu mir um und fuhr mit unverhohlener Kumpanei fort: „Und wir beiden sind die coolen Typen....“

Ich verbesserte die Situation nicht mit meinem Versuch, für Lenny eine Lanze zu brechen mit der Feststellung: „Der Junge hat eben einen Blick für das Wesentliche.“

Oma rang mit einer doppelten Ernüchterung. Einerseits sah sie ihre liebevollen innenarchitektonischen Bemühungen wieder mal nicht gewürdigt. Andererseits traf es sie tief, dass der junge hoffnungsvolle Nachwuchs offensichtlich keinen Deut besser war als ich. Fassungslos nahm sie die generationsübergreifende verdorbene Genstruktur zur Kenntnis und murmelte resigniert:

„Männer!“

Lenny strahlte über das ganze Gesicht, weil er sich an der Wirkung seiner Worte auf mich erfreute: ich kriegte mich nicht mehr ein vor Lachen und begriff dabei, dass das Geschichten sind, die man nicht erfinden kann.

Ganz offensichtlich trägt die vorschulische Sexualerziehung im Kindergarten erste Früchte. Als ich das erste Mal in meinem Leben scharfe Puppen wahr nahm, spielte ich schon in der B- Jugend. Und zum coolen Typen habe ich es nie geschafft.
Ostersonntag, die Familie war da. Unerwarteter Besuch entfernter Verwandter. Leonie tauchte auf, ebenfalls fünf Jahre, ein selbstbewusstes, fast kokettes Auftreten, lustige braune Locken und ein gewinnendes Lächeln. Intakte weibliche Gene halt. Lenny steckte, nach ersten schüchternen Annäherungsbemühungen der beiden, zunächst sein Revier ab. …das ist mein Haus, das ist mein Auto, das ist meine Oma…. Aber zusehends bröckelte sein Imponiergehabe, sie übernahm das Kommando. Das zeigte sich, wie üblich, daran, dass ihr Redeanteil bei etwas über 85 % lag. Und schließlich kriegte ich zufällig mit, wie Lenny, einen Schritt hinter Leonie, ihr zuraunte: „Wie Du willst, mein Püppchen…" (Unter Zeugen…!)

Vorgeschmack auf die Illustrationen (bunt) in „Kleine Geschichten über Enkel und andere Lichtblicke des Lebens."

Kleine Geschichten über Fußball

und andere Lustgewinne des Lebens

(erscheint spätestens Anfang 2009, Vorbestellungen möglich unter www.hildesheimer-literaturverlag.de)

Der Torschuss

Ein Fußball-Fan in voller Pracht
Fährt U-Bahn durch die finstre Nacht
Der Siegestrunk fiel reichlich aus
Nun will er angedröhnt nach Haus.
Ihm vis a vis sitzt eine Maid
Mit einem ausgeschnitt'nen Kleid
Er rollt ein Kügelchen Papier
Und wirft's ins Dekolletee bei ihr
Er dreht wie Toni an dem Ohr:
„Dasss war einnn wunnnerschöönes Tor!"

Schon wieder kommt im hohen Bogen
Ein kleines Kügelchen geflogen
Und schlägt erneut beim Busen ein.
„Ich mach se hheutte allle rein!"
Das Mädel ist zuerst verstimmt
Nach jedem „Torschuss" mehr ergrimmt.
Da sieht sie seine Hose offen
Auf Rache fängt sie an zu hoffen.

Sie wirft ein Kügelchen mit Drall
In seinen off'nen Hosenstall
Sie beugt sich triumphierend vor
„Das war doch auch ein schönes Tor!"
Der Fan, den es getroffen hatte,
Der lallte: „Leider nur die Latte!!"

Vorgeschmack auf die Illustrationen in „Kleine Geschichten über Fußball und andere Lustgewinne des Lebens."

AUTOGENES TRAINING

ODER: DORTMUND GEGEN SCHALKE

Ich bin in der „Reha". Heute steht auf dem Programm: Autogenes Training.

Dicht gedrängt liegen wir nebeneinander auf grauen Matten, die den Schweiß von ca. 2000 Vorgängern in sich aufgesogen und noch nicht wieder abgegeben haben. Ich räkele mich trotzdem und harre der angeblichen Heilung meines Seelenlebens.

Von vorne ertönt eine einschmeichelnde, melodiöse Stimme mit Trainingsanweisungen.

„Gaaaanz tief einatmen."

Ich versuche pflichtgemäß, die Luft gaaanz, gaaaanz tief einzusaugen. Von meinem Nachbarn her steigt mir der süßlich- säuerliche Geruch eines gediegenen Schweißfußes in die Nase.

Von vorne tönt es sanft:

„Und noch einmal: durch die Nase gaaaanz tiiiiief einatmen."

Ich atme nicht tief ein, und schon gar nicht durch die Nase.

Nun singt die Stimme:

„Meine Aarme werden schweeeerer und schweeeerer."

Bei mir nicht. Dafür wird die Luft schwerer und schwerer.

Nun soll ich zusehen, dass meine Beine gaaanz schwer werden. Das kenne ich noch von den Punktspielen beim Fußball, da wurden die auch immer ganz schnell schwer. Wieso jetzt nicht?

„Mein ganzer Körper ist ruhig und gelöst."

Mein Nachbar ist besonders ruhig und gelöst. Er schnarcht vor sich hin und bei jedem Röcheln bebt sein ganzer Körper.

Dennoch. Allmählich fühle ich mich locker und entspannt und denke an Sex. Ich beginne mich langsam zu entkleiden und.....

„Gedanken, die kommen, lasse ich vorüberziehen wie Wolken an einem strahlend blauen Himmel.“

Ärgerlich, wurde grad spannend.

„Heute machen wir eine Phantasiereise durch einen wunderschönen Garten“.

Ich ziehe mich in Gedanken wieder an, ich kann doch nicht nackend durch den Garten rennen.

„ Wir gehen durch ein großes, schmiedeeisernes Tor und kommen auf eine lange Allee mit hohen Bäumen.“

Ich sehe weder das Tor, noch die Allee, noch die Bäume. Wenn dafür wenigstens Pamela Anderson vorbeikäme.

„Vor uns taucht ein wunderschöner, rosa blühender Oleanderstrauch auf.“

Verdammt noch mal, wie sehen Oleandersträuche aus? Ob man zur Not auch Stachelbeersträuche nehmen kann? Oder Pamela Anderson?

„Wir lauschen in uns hinein und hören auf das Summen unserer verborgenen Seele“.

Ich lausche. Ich horche auf Klopfzeichen meines verschütteten Ichs. Nichts rührt sich. Halt. Doch . Meine Blase rührt sich und meldet: Muss pinkeln. Ich versuche die Meldung zu ignorieren, denn schließlich müssen wir weiterwandern.

„Wir treten auf eine Wiese mit blühendem Löwenzahn und wir versinken in einem Meer von Gelb.“

Ich versuche vergeblich in einem Meer von Gelb zu versinken. Plötzlich schießt es mir durch den Kopf: „Tooor! Toor für Dortmund. or durch Dede!“ Ich versinke in einem Meer von Gelb. Und endlich

sehe ich auch das Tor, nach dem ich vorhin gesucht habe.
Na, also . Es geht doch! Gegen wen Dortmund wohl spielt?
Meine Blase meldet sich wieder und ich schiffe in Gedanken an den Oleanderbusch, von dem ich nicht mal weiß, wie er eigentlich aussieht. Hoffentlich guckt nicht grade Pamela Anderson zu.
Ob es im Signal Iduna Park wohl immer noch 1 : 0 steht ?
„ Gedanken, die kommen, lasse ich vorüberziehen wie Wolken an einem strahlend blauen Himmel."
Ich versuche mir blau vorzustellen und plötzlich weiß ich, gegen wen Dortmund spielt: gegen Schalke. Ganz deutlich sehe ich die königsblauen Trikots wie Wölkchen vorüberziehen. Dortmund gegen Schalke. Und ich bin live dabei. Kurany wird grade gefoult.
„Vor uns taucht ein wunderschöner Apfelbaum mit rosafarbenen Blüten auf."
Meine Blase meldet sich wieder, sie hat wohl Baum gehört. So eine rechte Entlastung war das mentale Pinkeln eben doch nicht.
Hoffentlich ist bald Abpfiff bei dieser Seelensuche. Ob in Dortmund wohl schon Schluss ist? Da, die Endphase unserer Phantasiereise wird offensichtlich eingeläutet.
„Jetzt kehren wir wieder langsam in den Raum zurück und recken und strecken uns."
Alles räkelt sich, der Schnarcher muss geweckt werden.
Nun wird reihum gefragt, wie es war. Alle fanden es toll. Sie haben bunte Blumen gesehen, und Oleandersträuche, und einen Apfelbaum mit rosa Blüten.
Ich bin dran. Auch ich fand alles ganz toll. Und frage, ob wir uns das nächste Mal Bayern gegen den HSV angucken könnten.

Versuch, sich beim „Autogenen Training“ einen blühenden Oleanderstrauch vorzustellen.

Der Autor:

Dr.Jörg Hellmann, geboren am 6. August 1944 in Magdeburg, genau ein Jahr vor Hiroshima. Flucht mit der Mutter aus der SBZ, als der Vater aus der Gefangenschaft kam und – sehr weitsichtig – nicht in die sowjetisch besetzte Zone zurückkehren wollte. Grundschule auf dem Dorf Giften bei Sarstedt. Abitur 1964 am Scharnhorstgymnasium in Hildesheim. Anschließend Wehrdienst, Lehramtsstudium in Hannover, Stipendium und Promotion. Zwischendurch ein halbwegs passabler Fußballspieler, drei Jahre lang Studentennationalspieler und Kapitän der Niedersachsenauswahl. Seit 1974 an der pädagogischen Front tätig, zunächst als Referendar am Hölty-Gymnasium in Celle, danach am Goethegymnasium in Hildesheim.
Seit dem 1.2.2008 in Pension.
Erste Veröffentlichung:

"Michel schlägt zurück" ISBN 3-00-011725-3 .

Informationen und Bestellungen unter :

www.hildesheimer-literaturverlag.de

REZENSIONEN:

„Sehr geehrter Herr Dr. Hellmann,
ganz herzlichen Dank für Ihr Buch „Michel schlägt zurück“.....Ihre Familien Deutscher und Wendehals sind treffend gezeichnete Prototypen, die einiges zur Erhellung des deutschen Geistes- und Gemütszustandes beitragen können.
Ich wünsche Ihrem Buch weite Verbreitung und viele erhellungswillige Leser.“
Prof. Dr. Meinhard Miegel
Autor diverser Bücher, u.a. „Die deformierte Gesellschaft“

„Lieber Herr Hellmann!
Ihr Buch ist ermutigender Beweis für die gute Beobachtung der politischen Ereignisse während der letzten Jahrzehnte. ... Diese Satire zu lesen hat mir Freude bereitet, und ich werde sie meinen Kolleginnnen und Kollegen warm ans Herz legen.“
Prof. Dr. Hans-Dieter Striening, Autor des Buches „Das Osterinselsyndrom“

„Die Lektüre war ein Genuss und wird noch zu Geschenken an Freunde führen....
Mit nochmaligem Dank für Ihre geistvollen Zeilen“
Uwe Nickelsen

„Mit viel Zustimmung habe ich Ihre Satire gelesen und vielfach meine Familie an meinem Lesevergnügen teilhaben lassen....“

Jörg Hellmann
Michel schlägt zurück!
Eine Satire
Hildesheimer Literaturverlag
Gebundene Ausgabe
174 Seiten
Preis der Restauflage: 5,00 Euro pro Buch
ISBN: 3000117253

Bestellungen unter www.hildesheimer-literaturverlag.de
e-mail: hellmann-j@t-online.de
Fax: 05064 962261 Tel.: 05064 962262